Ouvrage dirigé par Florence Pierron-Boursot
Conception graphique : Stéphanie Aguado
Textes : Avec la collaboration de Carole Coatsaliou
Illustrations : © Shutterstock.com
Photographies : © Sœurette Productions

34-36, rue La Pérouse, 75116 Paris
www.hugoetcie.fr

ISBN : 9782755692167
Dépôt légal : octobre 2021

Imprimé en République tchèque par FINIDR

SHERA

Astro BOOK

Hugo Image

Préambule et introduction

Pour vous qui me suivez depuis plusieurs années ou pour vous qui peut-être ne me connaissez pas... Laissez-moi me présenter : je suis Shera, née le 9 décembre 1992. Je pourrais vous dire que je suis de nature généreuse, spontanée, franche mais vous indiquer que je suis Sagittaire ascendant Capricorne est, d'après moi, bien plus parlant. Je viens à vous avec mon signe astrologique car c'est ce que je fais tout le temps (oui, je suis ce type de relou). Si vous étiez en face de moi, ce serait probablement la première chose que je vous aurais demandée (oui, je suis bien cette fille qui pousse les gens à envoyer un message à leurs parents en pleine nuit pour leur demander : « je suis né à quelle heure exactement ? »). Je n'ai pas la prétention d'être une « astrologue », j'ai juste des connaissances, un parcours, un feeling et surtout, la conviction de vous apprendre à vous connaître et vous comprendre. Certes, je vous parle de mon parcours, de mon travail personnel mais je tiens à vous préciser que ce livre a été vérifié et approuvé par un astrologue confirmé, preuve que vous pouvez me faire confiance.

Avant d'entamer cet ouvrage, il était important pour moi de vous donner la définition de l'astrologie et surtout de vous expliquer comment j'ai atterri dans ce monde fantastique.

L'astrologie est, selon moi, la meilleure manière de se comprendre soi-même et de comprendre les autres. Il y a autant d'êtres humains sur cette planète que de profils astrologiques différents. Nos goûts, nos envies, nos aspirations, nos défauts, nos qualités... Autant de facettes de nos personnalités qui sont facilement explicables grâce à l'astrologie. En vrai, chaque thème astral est un peu la carte d'identité spirituelle de chaque individu. J'aimerais vous ouvrir à cette analyse qui me semble indissociable de la compréhension de l'être humain et du développement personnel.

Dès ma plus tendre enfance, j'ai été happée par l'univers cosmique et astrologique, depuis que j'ai appris à lire en fait ! Ma mère était fan de romans policiers et de science-fiction, je l'accompagnais régulièrement à la bibliothèque et tandis qu'elle cherchait les derniers ouvrages qui pouvaient la passionner, je me faufilais dans les rayons regorgeant d'écrits sur les planètes. J'étais particulièrement fascinée par la Lune. De fil en aiguille, l'astronomie m'a conduite à l'astrologie. Et là, c'était une révélation. Je trouvais extraordinaire le fait d'appartenir à un groupe de personnes ayant des qualités et des défauts en commun.

À l'époque, en feuilletant tous ces livres sur l'astrologie, je me suis sentie comprise, j'ai appris à me connaître et j'ai travaillé sur moi. Pourtant le chemin a été plus que long car on le sait, l'astrologie remonte à a des millénaires. Il y a encore quelques années, lorsque l'on parlait d'astrologie, on pensait automatiquement à ce fameux cliché « 3615 Astrologie : Chantal 68 ans répond à toutes vos questions sur votre thème astral ». D'ailleurs, les mots employés par les astrologues tant dans les médias que dans leurs ouvrages étaient hyper compliqués, très peu accessibles aux personnes qui ne s'y connaissaient pas un minimum.
À travers ce livre, vous allez gagner du temps et assimiler l'astrologie facilement. Désormais vous comprendrez lorsque quelqu'un vous parlera de Mercure Rétrograde ou de votre signe lunaire, et je suis heureuse de partager mon apprentissage avec vous afin que l'astrologie soit à la portée de chacun.

Si vous suivez mes vidéos, vous aurez compris que j'aime tourner cela à la dérision, en rire et forcer les traits de caractère de chacun des signes astrologiques. Il y a une raison à cela, je n'ai jamais trouvé d'astrologue faisant des blagues ni de personnes parlant d'astrologie ayant un certain second degré. Pour moi, il s'agit pourtant de la meilleure manière de rire de soi, de faire preuve d'autodérision. Si vous vous y intéressez un minimum, votre signe sera une lumière qui vous guidera vers l'acceptation de soi et la confiance en soi. Mon souhait n'est pas de vous convaincre, c'est à vous de faire vos propres choix. Mon but est de dépoussiérer l'astrologie, cette théorie occulte et ancestrale qui guide certaines cultures depuis des millénaires. L'astrologie représente, selon moi, le meilleur guide de développement personnel.

Par le biais de mes différentes vidéos et de ce livre, je cherche à aider les personnes pour qu'elles ne se sentent plus seules, pour que VOUS ne vous sentiez plus seuls. J'aimerais que vous vous sentiez comme moi, quand j'étais petite dans cette bibliothèque, curieuse, attirée, impressionnée par l'univers qui nous entoure et en quête de réponses pour que nous devenions la meilleure version de nous-mêmes, pas parfaits bien sûr, mais humains. Je ne vais pas vous apporter LA vérité, tout simplement parce qu'elle n'existe pas, et que c'est à vous de l'écrire mais nous allons chercher NOTRE vérité, celle qui est en nous et qui est notre moteur.

Étant ascendant Capricorne comme je l'ai dit, je suis assez terre à terre et ma relation à l'astrologie est très saine. Je ne m'en sers pas pour tout ou comme un élément absolu. Je vous conseille de faire de même, de vous en servir comme un guide, un plus dans votre vie, il s'agit d'une aide supplémentaire, pas de règles à suivre.

Même si les astres disent beaucoup de choses sur nous, notre parcours, notre expérience et notre éducation font de nous des personnes différentes même si nous avons le même signe astrologique. L'astrologie peut nous permettre de comprendre les autres et ainsi d'être plus tolérants, elle nous offre la faculté de lire en nous, c'est très personnel, unique et presque logique quand on y pense. Il s'agit de rendre concrètes les énergies qui émanent des planètes pour influer sur d'autres. La Lune n'a-t-elle pas une influence sur les marées, sur l'agriculture, voire sur notre sommeil ? N'avez-vous pas envie de vous pencher davantage sur ces énergies qui possèdent tant de pouvoir sur notre quotidien ? J'aimerais que mon ouvrage soit un guide initiatique à l'astrologie pour les personnes ayant envie de s'y intéresser tout en étant un livre d'apprentissage pour les personnes passionnées comme moi.

Maintenant que le *disclaimer* est fini, je vous laisse pénétrer dans l'aventure extraordinaire de l'apprentissage de soi à travers l'astrologie en espérant de tout cœur que vous sortirez de cette lecture apaisés et avec une certaine compréhension de vous-mêmes. Vous avez ici l'outil qui vous permettra de ressortir tout ce que vous avez de meilleur en vous et de vous sentir en harmonie avec vous-mêmes et avec vos proches. Désormais, c'est à vous de jouer !

PS : N'oubliez pas qu'il n'y a pas de mauvais ou de bon signe astrologique, chacun a ses qualités et ses défauts… même si les Sagittaire sont les best ! LOL !

Les signes astrologiques

Je le précise à chaque fois mais il me semble bon d'insister là-dessus. Il n'existe pas de bon ou de mauvais signe. Chacun à ses qualités et ses défauts pouvant être soulignés par le signe astrologique, l'ascendant, le parcours de vie ou l'éducation. Alors, ne vous en faites pas, même si vous avez la tête dure du Taureau, le mauvais caractère du Scorpion, la maladresse du Sagittaire ou que vous êtes ultrasensible comme le Poissons, rien n'est foutu !

N'oublions pas également cet élément important : chaque signe est divisé en trois décans. Selon le décan dans lequel est situé votre date de naissance, certains traits de votre signe astrologique seront renforcés, voire exacerbés.

Bélier

Né entre le 20 mars et le 19 avril

Élément : **Feu**
Planète maîtresse : **Mars**
Polarité : **Positive**
Qualité : **Cardinale**
Maison : **1**
Pierre : **Rubis**

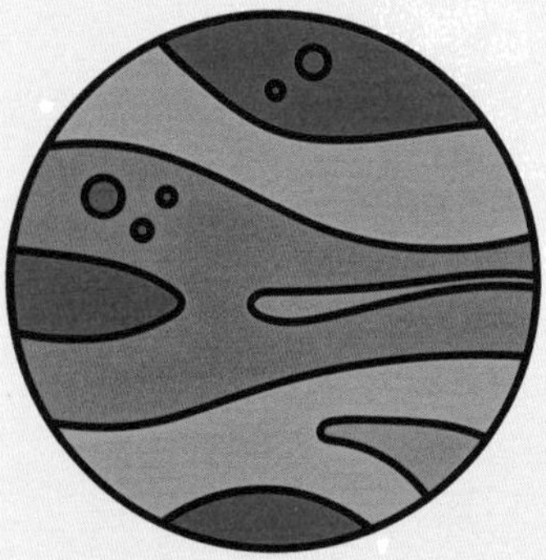

Signification du signe astrologique du Bélier

Le Bélier évoque le retour du printemps à l'image des bergers qui sortent à nouveau les troupeaux. Ce signe est aussi associé au bélier ailé du mythe de la Toison d'or, animal que Zeus envoya parmi les étoiles pour l'éternité.

Sa personnalité :

Impulsif, leader, loyal,
mauvaise foi, boudeur, têtu

• Premier décan
du 20 mars au 30 mars :
grande énergie
mais trop de spontanéité.

• Deuxième décan
du 31 mars au 9 avril :
beaucoup d'assurance...
peut-être un peu trop !

• Troisième décan
du 10 avril au 19 avril :
rejet de la routine, difficulté
à vivre la même chose
chaque jour.

Ce qu'il aime :
la rapidité, l'ambition,
le mouvement

Ce qu'il déteste :
ne rien faire, attendre,
la mollesse, l'indécision

ok | oh, no

Phrases que pourrait dire un Bélier

Non mais pourquoi elle me regarde comme ça elle ? Elle veut que je lui rentre dedans ? 😈

Il a trompé ma pote, c'est bien pour ça qu'on va aller lui dire deux mots ! 🔥🔥🔥

Mais pourquoi tu veux boire un verre ce week-end ? N'attendons pas, voyons-nous maintenant ! 🍾🍾🍾

Les Bélier dans la vraie vie

Le Bélier est courageux, vif, il aime vivre au jour le jour et il veut tout, tout de suite. Il est très énergique, enjoué et limite hyperactif ! Un Bélier, s'il ne fait rien pendant une journée, il a l'impression d'avoir perdu son temps voire une partie de sa vie. Les Bélier sont aussi des personnes qui ne savent pas forcément se remettre en question (bêtes à cornes, ils sont assez têtus, vous vous reconnaissez là, non ?). Autre élément important, le Bélier s'énerve assez vite donc attention à ne pas le contredire, en cas de dispute, je vous conseille de prendre la fuite !

En amour, le Bélier est tout feu tout flammes, il va tout donner à la personne qu'il aime afin de lui plaire. Il met tout son cœur pour obtenir ce qu'il désire et lorsqu'il l'obtient, il le chérit afin de le garder. Attention à ce signe qui justement donne beaucoup, il a tendance à attendre la même chose en retour et peut se retrouver déçu voire incompris face à tout l'investissement qu'il a pu mettre dans la relation.

Mon avis sur ton signe

Le Bélier est un signe astrologique que j'aime beaucoup parce qu'étant un signe de feu, c'est donc un signe avec lequel je m'entends très bien. Pourquoi ? Parce que c'est le seul de la bande qui est toujours partant pour faire un milliard de choses. Même si j'ai conscience qu'il peut être assez fatigant pour d'autres signes bien plus calmes, le Bélier ne fait que rajouter du feu à ma flamme de Sagittaire. J'aime sa franchise et sa loyauté, en revanche, la chose que j'apprécie le moins chez lui est son incapacité à se remettre en question. Impossible de conclure un débat sereinement. Le Bélier pense avoir toujours raison, pour les autres, c'est perdu d'avance. Derrière cette boule d'énergie et ce caractère tout feu tout flammes, sa sensibilité me touche en plein cœur car c'est un signe astrologique qui ne demande qu'à être aimé et à être accepté comme il est.

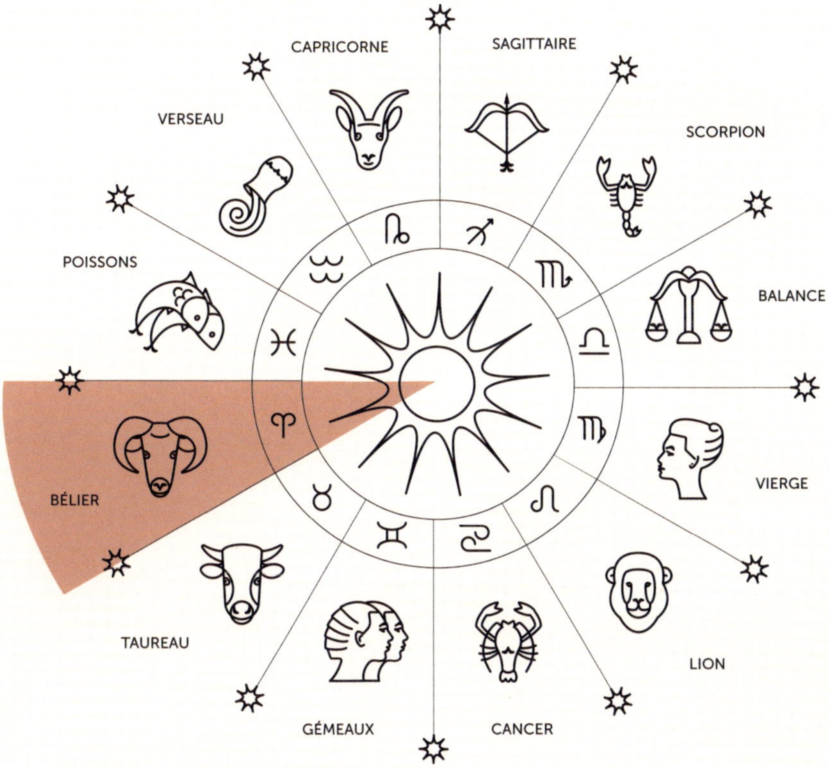

EN PRATIQUE,
les clés pour devenir la meilleure version du Bélier

N'attendez rien des gens et apprenez d'abord à vous aimer vous-mêmes avant d'aimer les autres. Essayez d'être un peu plus patients avec vous-mêmes mais aussi avec les autres. Dans la vie, chaque chose en son temps. Ce qui vous cause défaut dans la vie de tous les jours, c'est votre côté assez têtu, essayez d'accepter ce que les autres ont à vous reprocher au lieu de vous braquer, cela peut vous aider à mieux vous comprendre.

NON !

JAMAIS !

HYPERACTIF

colère

TOUT,
TOUT DE SUITE

FEU

FATIGUANT

Loyal

Boudeur

CONQUÉRANT

Dragueur

AIMANT

IMPATIENT

LET'S GO !

SENSIBLE

TÊTU

Le look du BÉLIER

Une queue de cheval, temps d'exécution : 3 sec 5

Une banane pour son grand besoin énergétique

Une tenue ultra confortable

Une autre banane (le sac le plus pratique du monde, on est d'accord ?)

Des baskets pour aller toujours plus vite

Taureau

Né entre le 20 avril et le 20 mai

Élément : *Terre*
Planète maîtresse : *Vénus*
Polarité : *Négative*
Qualité : *Fixe*
Maison : *2*
Pierre : *Émeraude*

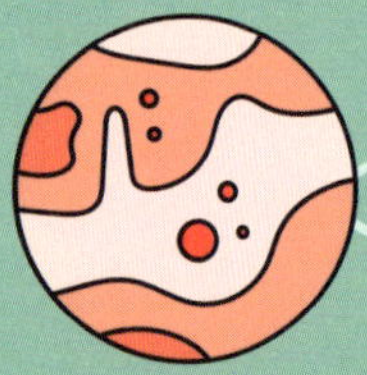

Signification du signe astrologique du Taureau

Le signe du Taureau vient en partie du mythe du Minotaure, bête au corps humain dont la tête est celle d'un taureau. La mythologie grecque évoque aussi la transformation de Zeus en taureau blanc pour parvenir à séduire Europe. Dans ces deux cas, le Taureau évoque la force et l'obstination.

Sa personnalité :

Possessif, têtu, matérialiste, gourmand, indépendant, casanier, fidèle

• Premier décan du 20 avril au 30 avril :
persévérance et courage, matérialisme exacerbé.

• Deuxième décan du 1er mai au 10 mai :
créativité conséquente à l'émotion… peut-être trop d'émotivité justement !

• Troisième décan du 11 mai au 20 mai :
analyse, contrôle… Deux éléments pouvant empêcher la spontanéité.

Ce qu'il aime :
rester à la maison, ses petites habitudes, manger (oh oui, il adore ça !), la loyauté

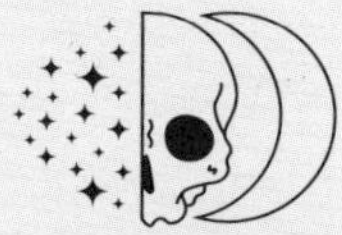

Ce qu'il déteste :
perdre son temps et son argent, le changement, les imprévus, qu'on lui tienne tête

Phrases que pourrait dire un Taureau

En fait, je m'en fiche parce que je t'ai pas demandé ton avis ! 😂

Aller en boîte ? Ah non, je déteste, y a trop de monde ! 😱

Pourquoi on ne reste pas à la maison ?

Oh, j'adore tes chaussures ! Tu les as achetées où ? 👡

Un bon steak frites avec de la sauce et du fromage, et je suis au max ! 🍟

Dix euros une soirée ? Non mais vas-y j'ai plus de thunes, c'est un menu kebab complet + canette et tarte au chocolat !

Les Taureau dans la vraie vie

Le Taureau est un grand fidèle, fidèle à lui-même, fidèle à ses idées et à ses valeurs. Il est réfléchi et il réfléchit aussi beaucoup avant d'agir. Le Taureau est un signe de terre, il est très ancré à ses racines, il est donc très compliqué de le sortir de sa zone de confort.

Du point de vue cœur, ce n'est pas le signe le plus démonstratif mais quand il aime, il ne compte pas, il se donne entièrement. Il adore la nature et les choses simples. Le Taureau est un grand épicurien, il aime les bons repas, le luxe, ce qui fait de lui un signe un peu matérialiste. Malgré son goût pour les bonnes choses, c'est un signe qui n'aime pas beaucoup dépenser (j'adore l'appeler « la michto » du zodiaque, ne le prenez pas mal, je vous aime, LOL).

Pour bien vivre, le Taureau a besoin de stabilité tant dans ses relations amoureuses qu'amicales. Le Taureau a envie de sérieux et aime être rassuré puisqu'il a initialement du mal à s'ouvrir. Armé de tendresse, le taureau préfère prendre son temps et construire pas à pas pour faire de grands projets. La routine ne le dérange pas, pas la peine de réaliser un million de choses pour être épanoui, loin de là. Tout ce qu'il lui faut, c'est l'assurance d'être avec la bonne personne, cela suffira à son bonheur affectif.

Mon avis sur ton signe

Je trouve que c'est un signe astrologique assez peace. Si on ne dérange pas un Taureau, il ne va pas venir nous déranger. C'est un signe qui ne se prend pas la tête, on se rejoint sur pas mal de choses (la bonne bouffe et les belles choses de la vie). J'aime son honnêteté et sa fidélité. Son gros caractère ne me fait pas peur et c'est un signe astrologique que j'arrive à comprendre et avec qui je m'entends super bien.

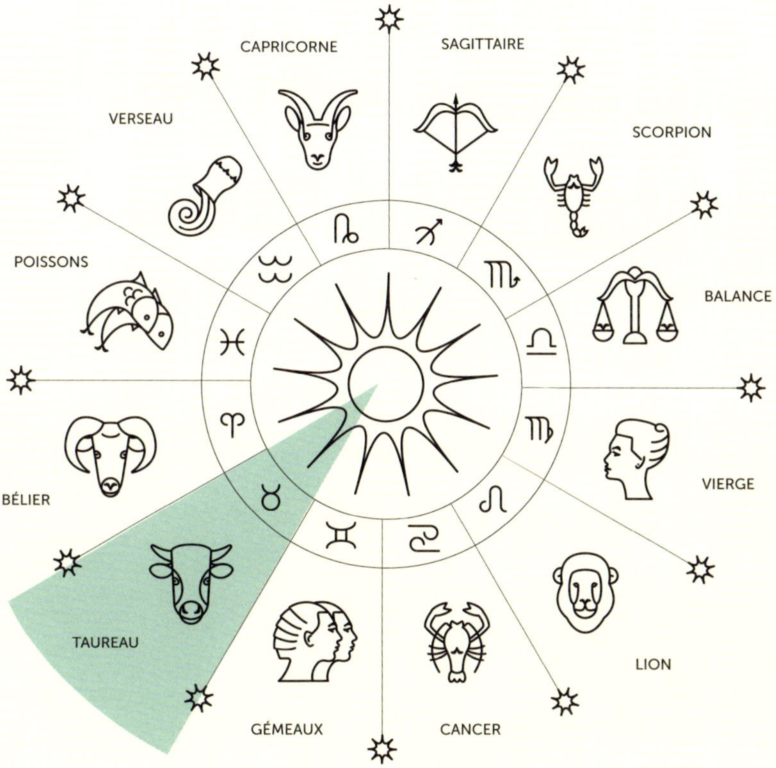

EN PRATIQUE,
les clés pour devenir la meilleure version du Taureau

Mes petits Taureau, pour être la meilleure version de vous-mêmes, mon conseil serait de vous ouvrir un petit peu plus à l'inconnu car celui-ci risque de vous apporter de belles choses… Il n'y a pas de mal à avoir des échecs dans la vie, le but est d'apprendre de ces échecs pour avancer. Soyez un brin plus spontanés même si cela est dur pour vous, apprenez à lâcher prise car de belles surprises vous attendent.

TERRE

Obstiné

COOL

CASH

FIDÈLE

FORCE TRANQUILLE

À LA MAISON

Gourmand

Jaloux

UN PEU RADIN

MATÉRIALISTE

PEACE

Le look du Taureau

Gémeaux

Né entre le 21 mai et le 20 juin

Élément : Air
Planète maîtresse : Mercure
Polarité : Positive
Qualité : Mutable
Maison : 3
Pierre : Turquoise

Signification du signe astrologique du Gémeaux

Du latin *gemellus* signifiant « jumeaux », les Gémeaux sont associés aux frères Romulus et Rémus créateurs de la Rome antique. On évoque aussi le mythe grec des « jumeaux célestes », Pollux partagea son immortalité avec son frère Castor, mortel. Ils furent ensuite envoyés dans le ciel par Zeus pour former une constellation, celle des Gémeaux.

• **Premier décan du 21 mai au 31 mai :**
difficulté à montrer ses sentiments, l'intelligence et la maîtrise prennent le dessus.

• **Deuxième décan du 1er juin au 9 juin :**
honnêteté conduisant à un manque de diplomatie voire un peu d'hypocrisie pour cacher ses propres failles.

• **Troisième décan du 10 juin au 20 juin :**
séduction, désir de plaire, jeu dangereux !

Ce qu'il aime :
la nouveauté, faire la fête, être avec des amis, le changement, parler

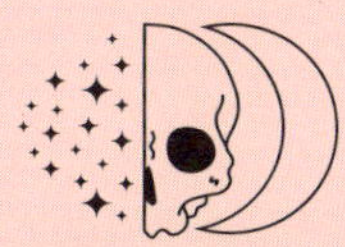

Ce qu'il déteste :
être enfermé, la solitude, être dépendant, la routine, l'exclusivité

ok oh, no

Sa personnalité :

Enthousiaste, drôle, curieux, sociable, lunatique

Phrases que pourrait dire un Gémeaux

Les Gémeaux dans la vraie vie

Le Gémeaux est super enthousiaste quelles que soient les circonstances, il est festif, spontané, curieux et imprévisible aussi. Il est vraiment très versatile : en fonction de différentes situations ou de différentes personnes, il saura s'adapter, d'où le fait que le Gémeaux soit représenté avec deux visages. Cette faculté d'adaptation peut être autant une qualité qu'un défaut car ce talent peut l'entraîner à être lunatique et un brin stratège dans leurs relations.

Le Gémeaux adore parler, découvrir de nouvelles personnes (sa planète est Mercure, symbole de la communication – voir chapitre sur les planètes). La communication est essentielle dans leur vie et c'est d'ailleurs l'un de leurs grands points forts. Il déteste être seul mais en même temps, il déteste l'exclusivité dans les relations. Sa liberté est sa priorité.

En amour, il fonctionne un peu de la même manière, il n'est pas fan de la routine et adore le changement, concrètement, l'ennui le fait fuir, le besoin de liberté sera toujours le plus fort. Il a un besoin perpétuel de découvrir, apprendre et progresser sans être enfermé dans une relation. L'idéal pour un Gémeaux est d'avoir un partenaire tout aussi stimulé par cette envie de liberté et encore mieux, aussi charmeur que lui.

Mon avis sur ton signe

Pour moi vous êtes le signe astrologique le plus intelligent du zodiaque. Votre humour et votre sens de la communication m'épatent. J'ai eu pas mal d'amis gémeaux avec qui j'ai passé de super bons moments mais qui m'ont aussi beaucoup trahie (mes plus grandes déceptions dans ma vie personnelle). D'ailleurs le Sagittaire s'entend très bien avec le Gémeaux, on peut même parler de relation harmonieuse mais le manque de fidélité dans les relations me fait trop de mal à mon petit cœur, désolée !

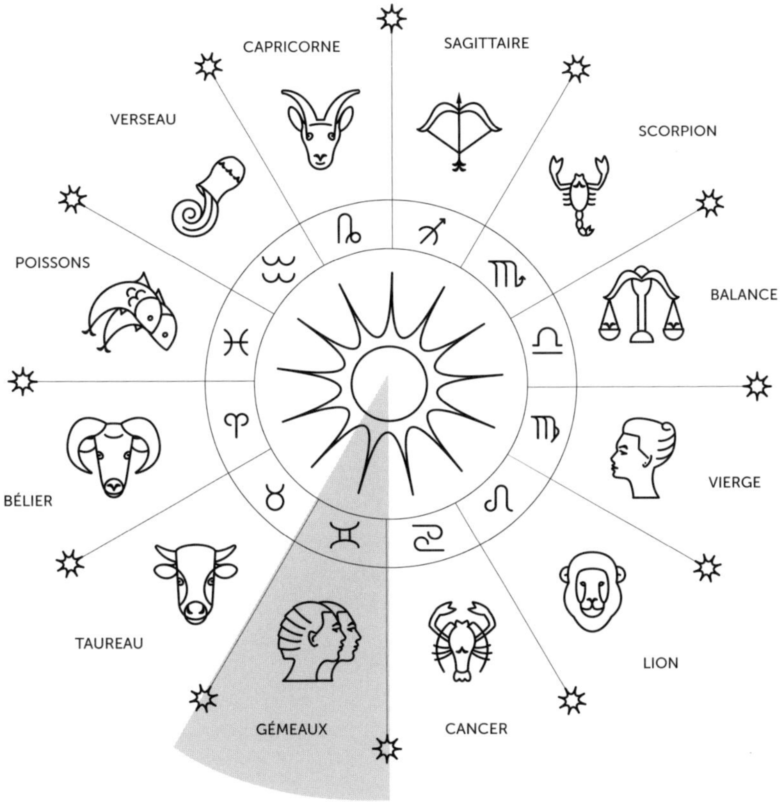

EN PRATIQUE,

les clés pour devenir la meilleure version du Gémeaux

Les Gémeaux, je n'ai pas beaucoup de conseils à vous donner puisque, de toute manière, vous vivez votre vie selon vos envies... Mais tout de même, apprenez à être seuls pour apprendre à vous découvrir ! Découvrir les autres et le reste du monde, c'est merveilleux mais la plus grande richesse reste d'apprendre à se connaître soi-même avant toute chose.

DRÔLE

lunatique

Adaptation

Libre

Calculateur

Sociable

SOURIRE

turquoise

Air

Versatile

FESTIF

curieux

Le look du GÉMEAUX

Un sourire très communicatif

elle aime immortaliser chaque moment pour le partager

Parce qu'elle est libre comme l'air

Un style assez vintage, le Gémeaux adore chiner des pièces uniques

Cancer

Né entre le 21 juin et le 22 juillet

Élément : Eau
Planète maîtresse : Lune
Polarité : Négative
Qualité : Cardinale
Maison : 4
Pierre : Opale

Signification du signe astrologique du Cancer

Le symbole du Cancer représente des pinces de crabe puisque cancer signifie « crabe » en latin. Dans la mythologie grecque, lors de ses Douze Travaux, alors que Hercule devait tuer l'Hydre de Lerne, il écrasa un crabe qu'Hera avait placé sur sa route. Celle-ci en fit ensuite la constellation du Cancer.

• Premier décan du 21 juin au 30 juin :
joie de vivre, l'avenir ne vous fait pas peur.

• Deuxième décan du 1er juillet au 11 juillet :
capacité d'adaptation, sens renforcé du « business ».

• Troisième décan du 12 juillet au 22 juillet :
vœu de préserver et soutenir les gens aimés, coûte que coûte !

Ce qu'il aime :
sa famille, aider, la tendresse, la musique

Ce qu'il déteste :
le jugement, qu'on le rabaisse, la froideur, les piques

ok oh, no

Sa personnalité :

Sensible, serviable, susceptible, calme, rêveur, affectueux

Phrases que pourrait dire un Cancer

Les Cancer dans la vraie vie

Le Cancer est l'un des signes astrologiques les plus sensibles (avec un autre que vous verrez plus tard). Les Cancer ont le cœur sur la main ! Il peut tout donner quand il aime, il est hyper romantique, hyper généreux, très compréhensif et déteste les conflits. On ne peut que se sentir bien avec ce genre de personnes car elles prennent les choses avec beaucoup de recul mais parfois un peu trop justement, pour ne pas dire « à la légère ». Le Cancer a ce besoin constant d'être rassuré et il a beaucoup de mal à accepter la critique. Si vous lui faites mal, il est rancunier et peut mettre des années à vous pardonner. Pour résumer, ce sont des personnes qui agissent plus avec le cœur qu'avec la tête, ce qui s'avère être autant un défaut qu'une qualité selon les circonstances.

L'amour est pour le Cancer autant une source d'angoisse que de bonheur. Il est difficile pour lui de vivre une relation en parfaite sérénité, il lui faut des preuves régulièrement, il aime de façon entière.

Mon avis sur ton signe

C'est un signe astrologique que j'adore ! Votre sensibilité et votre grand cœur me font fondre. Malgré le fait que vous soyez très susceptibles, pour un Sagittaire comme moi qui manque de tact, on se retrouve très facilement dans des situations compliquées.

Ce sont des personnes que je trouve très attachées à la famille et j'ai l'impression que je partage ces mêmes valeurs. Je me retrouve beaucoup dans le Cancer, c'est un signe pour lequel j'ai beaucoup d'affection, que j'aime aider et réconforter. Vous prenez aussi beaucoup les choses à cœur et vous avez un côté très sentimental, c'est un point que j'adore. Vous êtes tout calmes et moi j'ai besoin de gens calmes dans ma vie parce que je suis tout sauf ça !

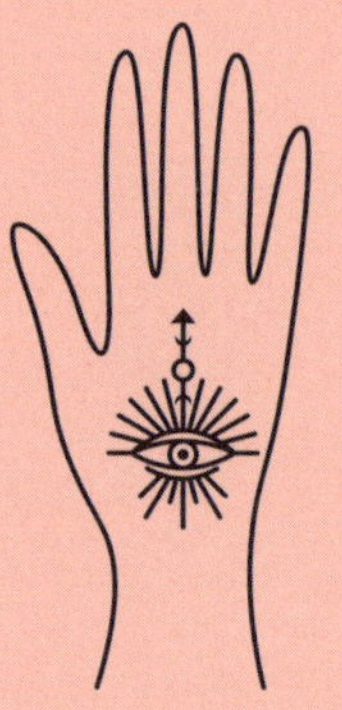

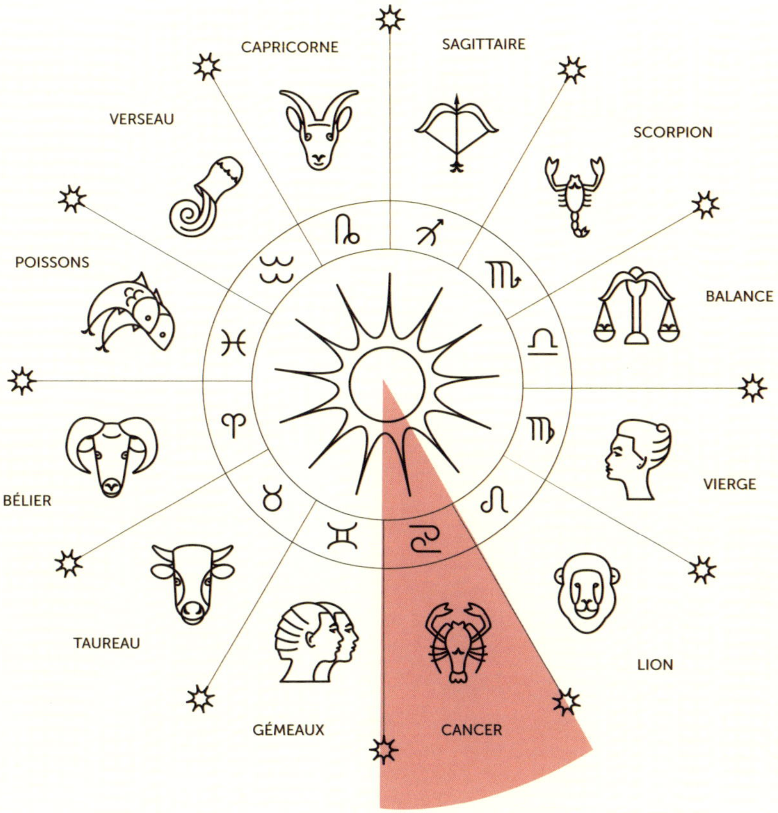

EN PRATIQUE,
les clés pour devenir la meilleure version du Cancer

Le meilleur conseil que je pourrais vous donner serait de prendre du recul pour vous protéger. En effet, vous avez une grosse tendance à tout prendre à cœur très vite même les choses les moins importantes dans la vie. Afin d'éviter de gros bouleversements émotionnels, essayez de prendre le recul suffisant de chaque situation que vous rencontrez pour pouvoir apaiser votre petit cœur (euh, non… votre gros cœur).

Sensible

Susceptible

Sentiments

Famille

Rancunier

Romantique

GÉNÉREUX

Cœur

COOL

Le look du CANCER

C'est sur son cœur qu'il aurait dû mettre son pansement, c'est un grand sensible...

Le Cancer adore faire passer des messages aux autres à travers ses T-shirts

Un prospectus qu'il n'a pas pu refuser... Il est tellement gentil qu'il n'ose pas dire non quand on lui en propose dans la rue

Le Cancer garde toujours une grande âme d'enfant ♡

Un petit air des années 70... Le Cancer est aussi quelque peu nostalgique, d'autant plus qu'il adore la mode et le vintage !

Lion

Né entre le 23 juillet et le 22 août

Élément : Feu
Planète maîtresse : Soleil
Polarité : Positive
Qualité : Fixe
Maison : 5
Pierre : Topaze

Signification du signe astrologique du Lion

Dans toutes les civilisations et depuis la nuit des temps, le lion a toujours symbolisé le pouvoir, la puissance, la sagesse et la justice. Dans la mythologie, Hercule vient à bout du Lion de Némée dans le premier de ses Douze Travaux avant de revêtir sa peau d'invincibilité. Zeus fait ensuite du Lion une constellation.

- **Premier décan du 23 juillet au 1er août :** ambitions professionnelle et surtout matérielle renforcées.
- **Deuxième décan du 2 août au 13 août :** optimisme et sourire font de vous un être admiré… et un poil égocentrique.
- **Troisième décan du 14 août au 22 août :** sens de l'honneur exacerbé, esprit combatif renforcé.

Ce qu'il aime :
le challenge, le respect, donner, qu'on l'admire

Ce qu'il déteste :
le mensonge, les moqueries, la provocation, qu'on l'ignore

ok oh, no

Sa personnalité :

Franc, protecteur, loyal, compétiteur, susceptible et égocentrique

Phrases que pourrait dire un Lion

Les Lion dans la vraie vie

Le roi de la jungle ! Le Lion est très solaire, dès qu'il entre dans une pièce, il y a du charisme, ça envoie ! Il est généreux et assez responsable... Il aime beaucoup aider les autres et se sentir indispensable, il est fier. Mais alors, leur défaut justement, c'est qu'ils sont très très très très très très très très très très très fiers.

Attention à ne pas être un brin dominateur car le Lion a une tendance à aimer contrôler son environnement. En revanche avec ses proches, il est très généreux mais a beaucoup de mal à dévoiler ses sentiments ou ses émotions, ne vous attendez pas à des grandes déclarations d'amour de la part d'un Lion ! Mais il vous le prouvera quotidiennement à travers des actes. Si vous ne voulez pas froisser un Lion, évitez de vous moquer de lui, même si c'est pour rire, le Lion adore se moquer des autres, toutefois ne faites pas de même car il est assez susceptible.

Mon avis sur ton signe

Vous êtes le signe astrologique qui me fait le plus rire, vous êtes trop marrants ! Les Lion, ce sont mes stars ! Ce que j'aime particulièrement chez vous, c'est que vous êtes constamment dans le challenge. Lorsque vous commencez quelque chose, il faut que ce soit vous le meilleur, même s'il s'agit simplement de reproduire une recette de cookies. J'adore vous titiller parce que vous partez toujours au quart de tour et cela me fait mourir de rire. Ce que j'aime le plus chez vous, c'est votre authenticité et votre loyauté envers vos proches. Faire partie de votre meute est juste une expérience incroyable, je recommande (on dirait trop l'avis d'un client sur TripAdvisor).

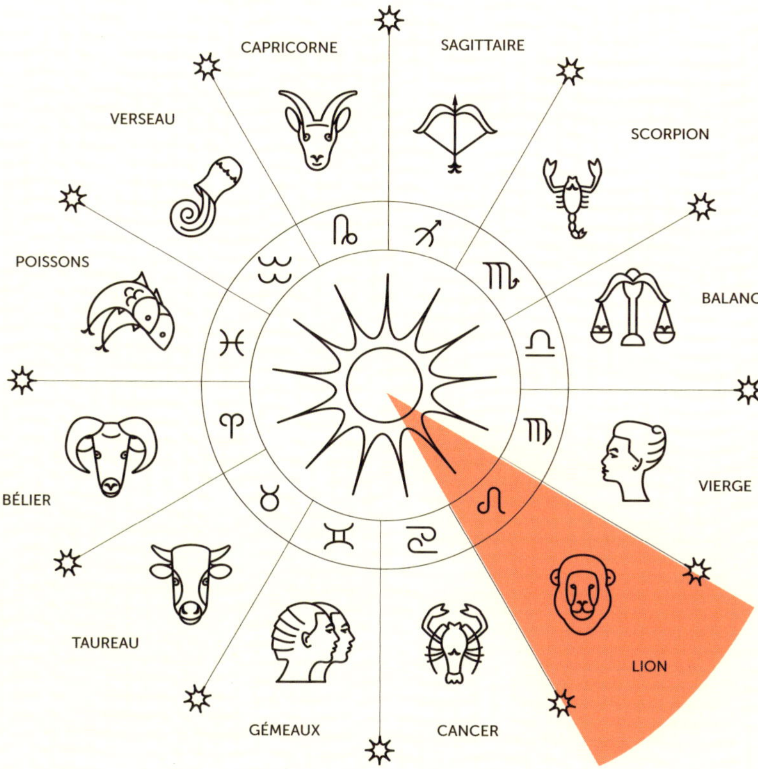

EN PRATIQUE,
les clés pour devenir la meilleure version du Lion

Mes petits Lion, si vous avez tant à prouver, c'est qu'il y a quelque chose qui manque peut-être, un léger manque de confiance en vous ? Sachez une chose, vous êtes des êtres exceptionnels, vous méritez de vous voir comme les autres vous voient. Essayez de faire plus confiance aux autres et de déléguer davantage, vous serez surpris par votre entourage.

PS : non, vous n'avez pas toujours raison, essayez de l'entendre et de l'accepter.

Soleil

Star

The best

Susceptible

Fier

Dominateur

Égocentrique

JE SUIS LE MEILLEUR

Généreux

Parfait

GRAND CŒUR

COMPÉTITEUR

Protecteur

Le look du Lion

Vierge

Né entre le 23 août et le 22 septembre

Élément : Terre
Planète maîtresse : Mercure
Polarité : Négative
Qualité : Mutable
Maison : 6
Pierre : Agate

Signification du signe astrologique de la Vierge

Ce signe est associé aux déesses vierges de la mythologie comme Hestia, déesse du foyer ou Déméter, déesse mère de la Terre. Par conséquent, elle symbolise l'ordre et l'organisation.

• **Premier décan du 23 août au 3 septembre :** difficultés à se « lâcher » émotionnellement parlant, réussite sûre mais discrète.

• **Deuxième décan du 4 septembre au 13 septembre :** sens de l'organisation, du contrôle et des affaires.

• **Troisième décan du 14 septembre au 22 septembre :** rigueur, sérieux, bon travailleur mais mériterait plus de fantaisie.

Ce qu'il aime :
l'organisation, tout contrôler, rire, le détail, la discrétion

Ce qu'il déteste :
la saleté, les débordements, déléguer, montrer ses émotions

ok oh, no

Sa personnalité :

Perfectionniste, *control freak*, altruiste, sérieux, maniaque

Phrases que pourrait dire une Vierge

Je lui demande un service et je suis obligée de le faire à sa place, c'est pas possible.

J'ai eu 15/20 ? Oh non, mais j'ai tout le temps 19 !

Mes défauts ? Perfectionniste.

Entre bien sûr mais enlève tes chaussures.

10 h 01 ? On avait pourtant rendez-vous à 10 heures ! Je ne comprends pas.

Si vous avez besoin d'aide, vous savez où me trouver. Par contre moi pour m'aider y a plus personne.

Oh, mais non je te taquine ! Je ne voulais pas te vexer.

Les Vierge dans la vraie vie

La Vierge est très pointilleuse et très organisée, ce n'est ni plus ni moins la conséquence de son côté méthodique et ultraperfectionniste, ce qui peut la rendre un peu critique envers les autres. Les Vierge sont de très grands orateurs, elles savent parler aux gens. Elle peut avoir l'air angélique et calme mais à partir du moment où elle connaît bien les personnes, elle peut se lâcher et montrer un autre visage, bien plus détendu et en confiance, jusqu'à devenir la personne la plus drôle du groupe ! Pudique et romantique, la Vierge ne montrera pas d'emblée ses émotions et ses sentiments, elle préfère que les autres les découvrent, elle vous le fera comprendre de manière suggestive, ce qui ne l'empêchera pas d'aimer intensément un peu plus tard. Avant d'entamer une relation avec une Vierge, il faut se montrer patient, creuser et faire ses preuves, c'est une forteresse à conquérir. Petit problème à ne pas négliger : la Vierge aime organiser et avoir le contrôle, cela peut s'avérer étouffant dans un couple si l'autre n'est pas préparé…
Autre chose à savoir sur la Vierge, son côté passif-agressif, la Vierge n'est pas du genre à dire les choses mais vous les fera comprendre par des petites piques ou des blagues assez bien amenées. Attention, si vous êtes susceptibles, préparez-vous !

Mon avis sur ton signe

Les Vierge, je vous connais par cœur étant donné que j'ai grandi entourée de Vierge. Je vous trouve fidèles et vous êtes l'un des signes astrologiques avec lesquels je m'entends le mieux Dès que quelqu'un me dit : « Je suis Vierge », je suis en mode « I trust you » ! Vous êtes fiables, vous avez une parole, vous ne laissez jamais tomber les gens, vous vous donnez pour les autres, vous êtes maternels et surtout vous êtes discrets, efficaces. Vous êtes de parfaits alliés pour moi et je me sens vraiment bien avec vous. En revanche, je ne supporte pas vos piques, c'est trop pour moi, si vous avez quelque chose à dire, ne le faites pas passer sur le ton de l'humour pour ensuite vous demander pourquoi les autres se vexent (je vous connais, je vous l'avais dit !).

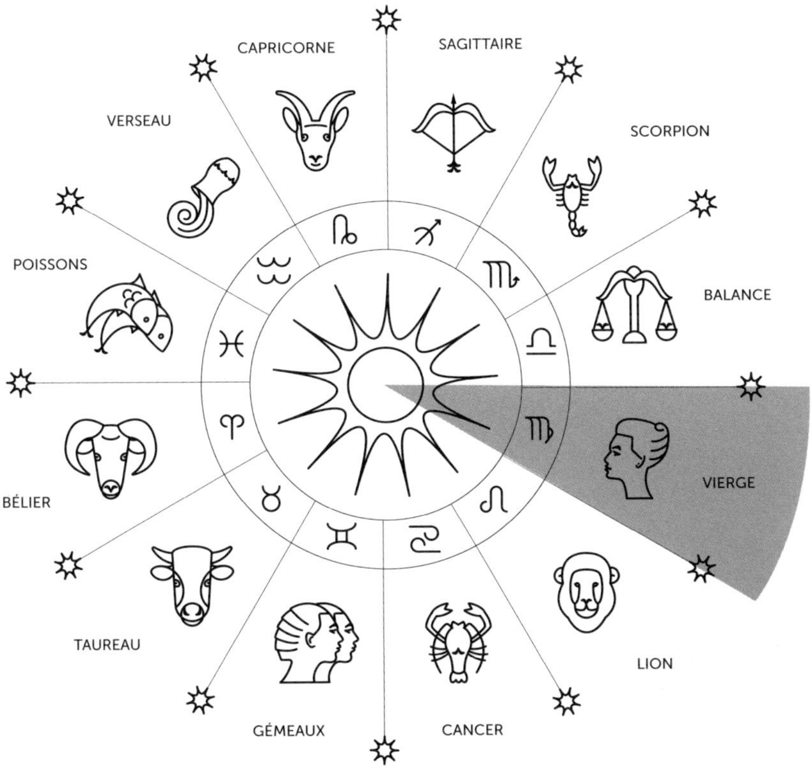

EN PRATIQUE,
les clés pour devenir la meilleure version de la Vierge

Les Vierge, détendez-vous, essayez de déléguer et de faire confiance aux autres ! Laissez parfois le contrôle à votre entourage, cela vous fera du bien notamment d'un point de vue affectif, la vie de couple peut devenir trop pesante pour vous si vous vous évertuez à tout prendre sur les épaules. Inutile de vous mettre trop de pression, vous risquez de vite vous épuiser, et les gens qui vous aiment ne demandent qu'à vous aider.

Fidèle

Organisé

Fiable

Pureté

Critique

ALTRUISTE

Perfectionniste

À l'écoute

Orateur

MÉTHODIQUE

MANIAQUE

Le look de la VIERGE

Des lunettes de vue car la Vierge passe beaucoup de temps derrière les écrans

Une jolie chemise pour le côté classique

La Vierge ne sort jamais sans son stylo ! Très organisée, elle prend souvent des notes

Une tenue simple, chic, juste parfaite, tout ce qu'aime la Vierge !

Un petit sac... mais costaud : il contient tout ce dont la Vierge a besoin (elle n'oublie rien !)

Des chaussures tout-terrain car la Vierge est capable de s'adapter à toutes les situations

Balance

Né entre le 23 septembre et le 22 octobre

Élément : Air
Planète maîtresse : Vénus
Polarité : Positive
Qualité : Cardinale
Maison : 7
Pierre : Saphir

Signification du signe astrologique de la Balance

Le rôle de la balance a toujours été très important physiquement et spirituellement dans diverses cultures. Par exemple, dans l'Égypte ancienne, la mission de la balance consistait à peser les âmes des défunts.

• Premier décan du 23 septembre au 2 octobre :

émotivité et imagination fondatrices d'une grande créativité.

• Deuxième décan du 3 octobre au 13 octobre :

justice, loyauté et harmonie sont vos valeurs indétrônables.

• Troisième décan du 14 octobre au 22 octobre :

sociabilité, bienveillance, harmonie au sein du foyer sont vos vœux les plus chers.

Ce qu'il aime :
romantique, séduire et être séduit, la justice, ses amis, prendre soin de lui

Ce qu'il déteste :
le conflit, la pression, les contraintes, se prendre la tête

ok oh, no

Sa personnalité :

Indécis, juste, lover, dépendant, paresseux

Phrases que pourrait dire une Balance

Je ne sais pas si je prends une pizza, ou alors un burger… Et si je prenais un burger à la pizza ?

Je suis une amoureuse de l'amour.

J'ai horreur de l'injustice !

Mais ça sert à quoi de faire son lit le matin si on se recouche dedans le soir ? C'est une perte de temps !

Même si je ne l'aime pas, je vais prendre son parti parce que franchement c'est toi qui as tort.

Les Balance dans la vraie vie

Dans la vie de tous les jours, les Balance ont du mal à faire des choix. Par exemple, au restaurant, le menu représente un gros dilemme et elles peuvent mettre des heures à choisir ce qu'elles vont manger, comme ce qu'elles vont faire dans la vie. Si elles agissent ainsi, c'est parce qu'elles veulent prendre la meilleure décision possible. Malheureusement, par crainte de faire le mauvais choix, on ne fait plus parler son instinct mais son cerveau avant tout.

Autre caractéristique prépondérante, la Balance se bat à mort pour la JUS-TI-CE ! C'est son leitmotiv, elle est humaniste, déteste les conflits et fera tout pour que ses proches soient en harmonie. Peu importe que tu sois son ami, si ce que tu as fait, ce n'est pas bien, pas juste, pas selon sa justice, elle va te le dire. C'est la condition sine qua non pour que règne une bonne entente dans son entourage. Les Balance aiment lire, rencontrer des gens, elles sont gentilles et assez peace. Elles détestent les conflits mais encore une fois, s'il y a de l'injustice, elles oublient leur côté peace et peuvent sortir de leurs gonds ! Les Balance veulent défendre tout le monde, les opprimés, les personnes lésées et mettront tout en œuvre dans ce but.

L'amour est la raison de vivre des Balance, ce sont des personnes en perpétuelle recherche d'amour, elles idéalisent l'amour quitte à être un brin naïves et elles adorent les films romantiques. Elles aiment plaire, charmer et adorent plonger dans l'inconnu d'une nouvelle relation et apprendre à travers elle. Dans le couple, la Balance a besoin d'équité et d'équilibre. Soyez certains que la Balance vous donnera tout en amour et parviendra à vous faire grandir.

Mon avis sur ton signe

C'est un signe que j'aime vraiment beaucoup. Vous êtes drôles, vous êtes attachants. Il vous arrive tout le temps des galères mais vous avez une manière de relativiser que j'admire. La seule chose que je regrette un peu chez vous, c'est que vous ne savez jamais choisir, j'ai toujours eu du mal avec les gens n'ayant pas d'avis tranché et de ce côté-là chez vous… je dois avouer que je suis servie. Généralement, j'aime bien me sentir en compagnie des Balance car ce sont des personnes justes qui n'aiment pas faire du mal aux gens. Du coup, j'ai confiance en vous les Balances, sincèrement, vous êtes trop choux !

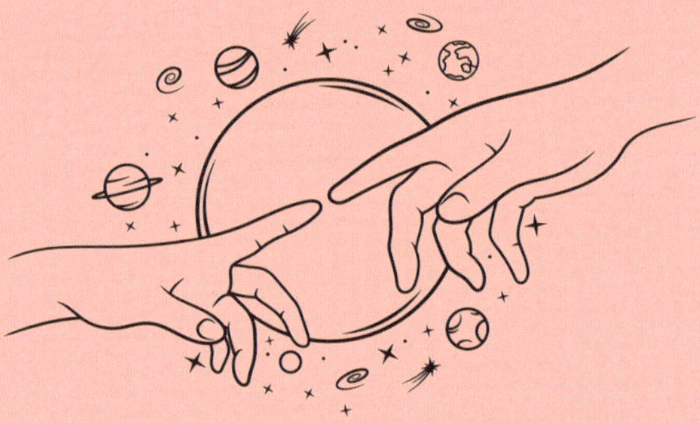

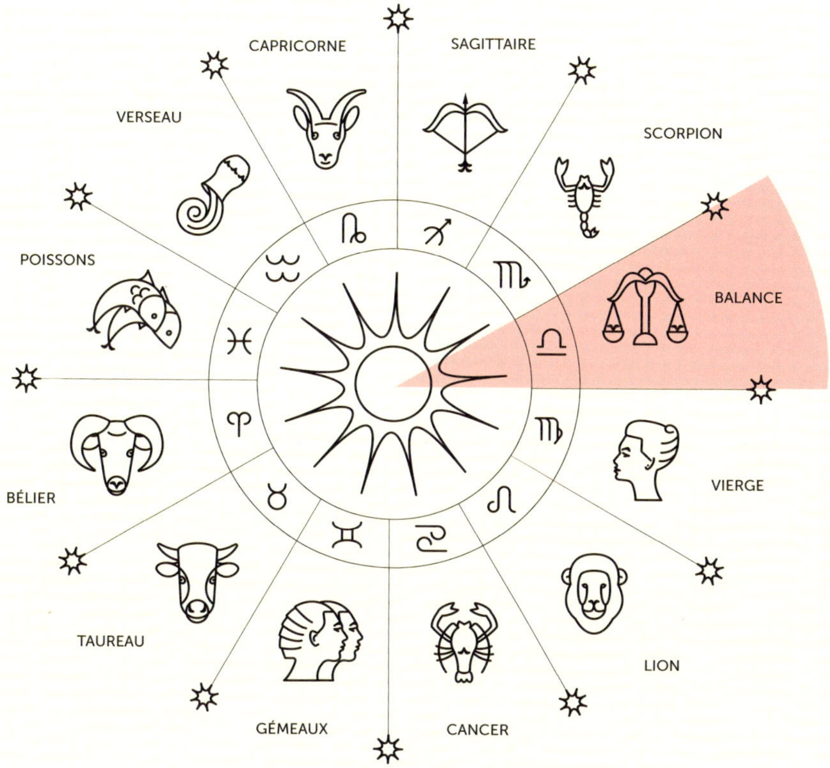

EN PRATIQUE,
les clés pour devenir la meilleure version de la Balance

Les Balance, sachez que faire des mauvais choix permet aussi d'apprendre sur soi-même. Laissez-vous guider par votre instinct et même si vous vous trompez ce n'est pas grave. Ayez confiance en votre capacité à vous relever.
En amour, sachez qu'être seul de temps en temps n'est pas si mauvais, vous avez cette tendance à aller de relation en relation sans avoir le temps de comprendre votre manière d'aimer. Vous qui êtes amoureux de l'amour, essayer de comprendre vos sentiments avant de les donner au premier venu. Sinon, vous êtes au top !

Indécis

Justice

Paresse

J'HÉSITE

Peace & love

GENTILLESSE

Dépendance

Vénus

Amour

RENCONTRES

Relativiser

Le look de la Balance

Une coiffure qui ressemble à son signe

Toujours très coquette, elle s'habille pour plaire mais surtout pour se plaire à elle-même

Un joli bouquet que son date vient de lui offrir

Elle hésitait entre les deux paires…

…Elle a donc mis les deux

Scorpion

Né entre le 23 octobre et 21 novembre

Élément : Eau
Planète maîtresse : Pluton
Polarité : Négative
Qualité : Fixe
Maison : 8
Pierre : Grenat

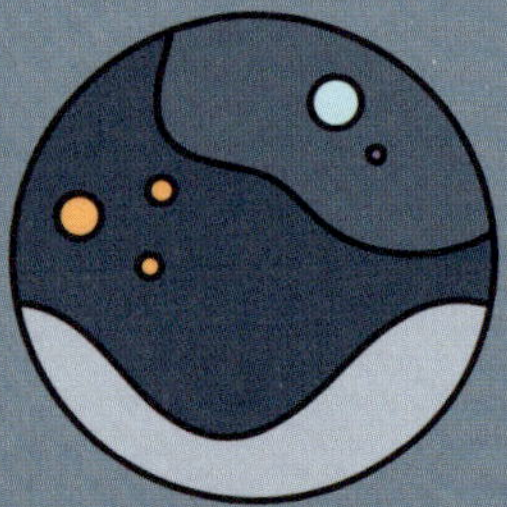

Signification du signe astrologique du Scorpion

Le signe du Scorpion nous ramène au mythe d'Orion. Alors qu'Artémis était dans son bain, complètement nue, Orion, un chasseur connu pour sa beauté et sa violence, tenta de la violer. Elle se servit d'un scorpion pour le piquer et le tuer. Pour remercier l'animal, elle en fit une constellation.

- **Premier décan du 23 octobre au 2 novembre :** peu de scrupules pour arriver à ses fins mais audace payante.
- **Deuxième décan du 3 novembre au 12 novembre :** Séduction, mystère et sensualité font votre charme unique et très mystérieux.
- **Troisième décan du 13 novembre au 21 novembre :** confusion entre la jalousie et l'amour ou l'amitié, vos intentions peuvent être mal interprétées...

Ce qu'il aime :
tout donner (trop), suivre son instinct, la sensualité, la vitesse

Ce qu'il déteste :
la trahison, l'hypocrisie, le partage, la contradiction

ok oh, no

Sa personnalité :

Passionné, déterminé, rancunier, jaloux, exclusif

Phrases que pourrait dire un Scorpion

Moi ? Tu me mets un couteau dans le dos ? Je t'en mets quinze mille après !

Je tombe trois fois, je me relève quatre fois.

Tu me demandes de faire quelque chose, je le fais à fond !

Ah non, je ne suis pas jalouse ! Par contre, je ne partage pas.

Ça y est, tu l'as rencontrée il y a deux semaines et c'est ta BFF ? Je ne comprends pas là !

Les Scorpion dans la vraie vie

Il s'agit sûrement du signe astrologique le plus incompris du zodiaque. Il y a énormément de personnes qui ont beaucoup de mal avec les Scorpion. Pour mieux le comprendre, j'aime dire que c'est un signe d'eau mais avec beaucoup de feu en lui, le paradoxe du signe est là. Le Scorpion est quelqu'un de très intuitif, il a un instinct développé « puissance 1 000 » ! Il va ne pas sentir une personne rien qu'en la regardant et le pire, c'est qu'il ne va pas se tromper. Le Scorpion est sincère, il dit la vérité, soit il t'aime, soit il ne t'aime pas. Il n'a pas de mesure, il vit les choses à fond. Il est également très débrouillard et assez indépendant mais pour moi, sa caractéristique numéro 1 est qu'il est passionné, c'est quelqu'un qui aime de toute son âme. En revanche, s'il est déçu, il peut devenir la pire personne au monde. Ses défauts ? Il est jaloux, possessif et très rancunier. La citation qui lui convient le mieux : « La vengeance est un plat qui se mange surgelé », voilà pourquoi j'ai une carte de fidélité chez Picard ! D'ailleurs, à force d'avoir peur d'être déçu, il n'ose pas s'attacher aux gens ni leur laisser une chance. Toutefois, il fait très attention aux personnes sur lesquelles il mise, il les protège et les chérit. Le Scorpion est d'ailleurs très intense dans sa manière d'aimer, avec lui c'est passionnel, il donne tout, profondément, sincèrement, entièrement. Le bémol, c'est qu'il est capable de vous aimer davantage qu'il ne s'aime, il peut tout mettre de côté pour la personne qui partage sa vie, même si celle-ci ne lui donne pas grand-chose en retour. Quoiqu'il en coûte, il aimera votre façon de l'aimer même s'il s'avère jaloux et peu partageur. Un conseil : ne trahissez pas sa confiance.

Mon avis sur ton signe

Sachez une chose les Scorpion, même si vous avez mauvaise presse dans le monde de l'astrologie et que beaucoup vous diabolisent, de mon côté, j'adore prendre votre défense. Vous êtes le signe astrologique qui me passionne le plus, je n'ai jamais vu de personnes aussi résilientes que vous, votre force de vie et de caractère m'épatent. Vous avez cette capacité à rebondir avec une volonté sans bornes, votre investissement et votre passion dans les choses sont admirables. Toutefois, la mesure n'existe pas avec vous. D'ailleurs, vos qualités sont incroyables autant que vos défauts peuvent faire peur. Attention, vous avez une tendance à l'autodestruction et à la mélancolie car vous êtes des êtres très nostalgiques. Restez optimiste et vivez un peu plus dans le présent !

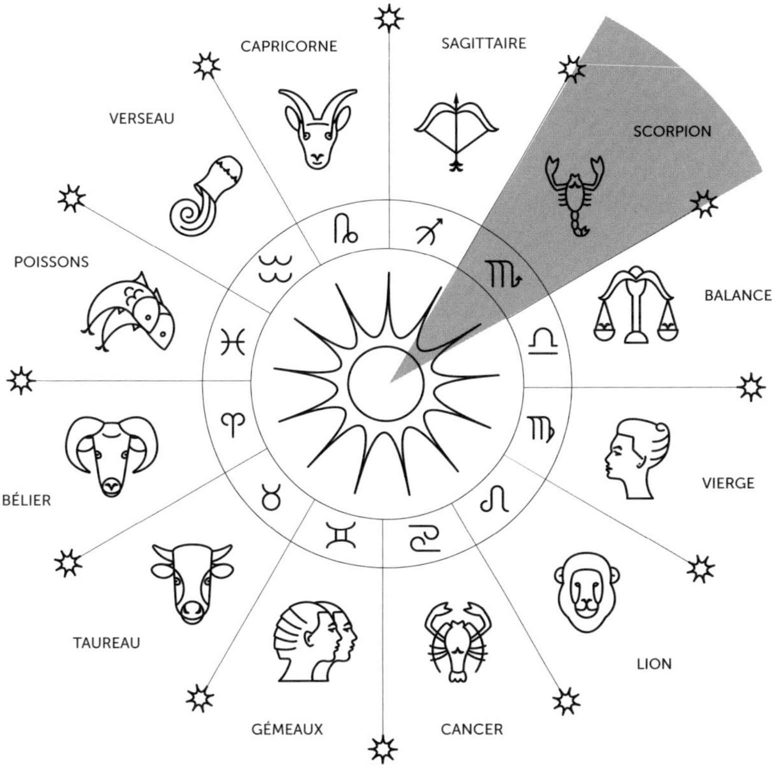

EN PRATIQUE,
les clés pour devenir la meilleure version du Scorpion

Je pense que cette partie vous intéresse énormément car vous êtes toujours à la recherche d'améliorations. Gardez cette soif de découvertes, c'est l'une de vos plus grandes qualités, mais ne vous attendez pas à ce que les autres soient aussi passionnés que vous, cela risque de vous donner l'impression d'être incompris. Ne vous fermez pas aux secondes chances et essayez de pardonner aux autres car la rancœur n'est pas bonne pour le cœur.

Artiste

Torturé

Passionné

Entier

POSSESSIF

RÉSILIENCE

Nostalgie

Phœnix

Volonté

VENGEANCE

Fantasme

Direct

Intuition

Le look du SCORPION

Toujours tiré à quatre épingles... Eh oui, le Scorpion adore les pics !

Elle est toujours en train de stalker son ex et là... Elle vient de découvrir qu'il s'est remis en couple !

Depuis des années, elle prend toujours le même café latte avec le même sirop au même coffee shop (c'est une obsession pour elle).

Une tenue sexy et pointue, tout comme elle !

Cela ne ressemble pas trop à la queue du Scorpion ça d'ailleurs ?

Sagittaire

Né entre le 22 novembre au 21 décembre

Élément : Feu
Planète maîtresse : Jupiter
Polarité : Positive
Qualité : Mutable
Maison : 9
Pierre : Saphir

Signification du signe astrologique du Sagittaire

L'origine du signe astrologique du Sagittaire se situe dans le mythe de Chiron. Ce sage centaure (archer mi-cheval, mi-homme) était immortel mais pas pour autant insensible à la douleur. Il fut un jour touché par une flèche tirée par Hercule et sa souffrance fut telle qu'il implora Zeus de lui accorder la mort. C'est ce qu'il fit, et c'est ainsi que naquit la constellation du Sagittaire.

- **Premier décan du 22 novembre au 1er décembre :** indépendance et envie d'aventure exacerbées.
- **Deuxième décan du 2 décembre au 13 décembre :** esprit challenger, aventurier, tendance à se disperser.
- **Troisième décan du 14 décembre au 21 décembre :** ambition et grande capacité à réussir dans les affaires.

Ce qu'il aime :
voyager, improviser, les débats, partager, les petits plaisirs de la vie

Ce qu'il déteste :
que l'on tourne autour du pot, les reproches, la routine, les gens fermés d'esprit

ok oh, no

Sa personnalité :

Optimiste, sans tact, aventurier, honnête, généreux, maladroit

Phrases que pourrait dire un Sagittaire

Prendre des pincettes, tourner autour du pot, c'est pas mon style.

Pourquoi je souris ? Je sais pas, j'aime la vie !

Qu'est-ce que j'en pense de ton pull ? Bah, il est moche !

Ce n'est pas de ma faute si je t'ai vexé, de toute façon il n'y a que la vérité qui blesse.

Allez, prends ton sac à dos, on va faire un road trip !

Tu veux venir à la soirée avec moi ? J'ai un +1, ramène ta cousine aussi, on va tenter !

Les Sagittaire dans la vraie vie

Le Sagittaire a trop de qualité pour peu de défauts. Non, je plaisante, c'est mon signe, j'avais envie de vous embêter ! Les Sagittaire sont des personnes optimistes, solaires, généreuses et cash, elles n'ont pas peur de dire les choses. Elles adorent explorer le monde, ont soif de liberté, détestent qu'on les colle trop, c'est « fuis-moi je te suis, suis-moi je te fuis ». Ce sont des personnes très protectrices envers leurs proches, si bien qu'elles peuvent être envahissantes. Les défauts du Sagittaire : à vouloir être trop cash, il n'a aucun mal à vous envoyer une vérité comme une flèche en plein cœur, il ne le fait pas exprès mais il parle comme il aimerait qu'on lui parle. Il est aussi très distrait avec une capacité de concentration faible. Il n'aime pas la routine et sa fameuse soif de liberté peut parfois être forte, elle aurait même tendance à lui nuire s'il cherche la stabilité. Au niveau du moral, il peut être au plus bas ou au plus haut assez rapidement mais en tout cas, si le Sagittaire n'est pas bien, cela ne dure jamais.

On a tendance à le considérer comme un signe infidèle, c'est un peu injuste. Tout comme le Gémeaux, le Sagittaire a besoin d'aventure et de découverte, il préfère l'action à la routine, il a besoin de stimulation. Il prend plaisir à partager ses découvertes avec sa moitié, celle-ci devra donc avoir également cette soif d'apprentissage. Hormis cette spécificité, le Sagittaire est généreux en amour et se donne à 100 % pour la personne qu'il aime.

Mon avis sur ton signe

C'est donc mon signe, dur d'avoir un avis objectif, LOL ! Les Sagittaire… J'ai tant de choses à dire, je pourrais même faire un livret spécial sur ce signe astrologique. Tout d'abord, il y a un point commun que j'ai constaté chez tous les Sagittaire que je connais, dont moi, c'est que nous avons de vrais problèmes avec nos relations amoureuses, nous voulons tout et le contraire en même temps, et nous sommes d'éternels insatisfaits car beaucoup trop exigeants. En vrai, comme nous savons que nous allons nous donner passionnément dans une relation amoureuse, on préfère parfois fuir la relation plutôt que d'en souffrir. Le Sagittaire a de très grandes qualités mais aussi de très gros défauts qu'il sait cacher puisque c'est un signe assez malin. Toutefois étant de ce signe astrologique, je vais vous le dire : oui, nous sommes un brin manipulateurs et parfois légèrement égoïstes. Hormis cela, votre générosité et votre sens de la loyauté vous aident à avoir un entourage aimant autour de vous.

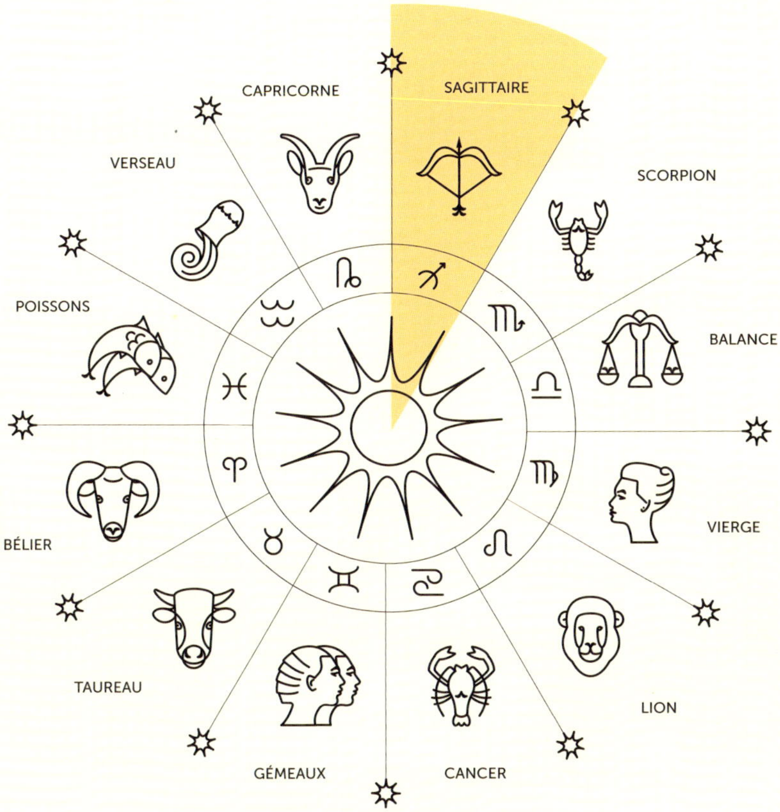

EN PRATIQUE,
les clés pour devenir la meilleure version du Sagittaire

Les Sagittaire, il y a pas mal de choses à apprendre afin d'être la meilleure version de vous-mêmes, vous êtes comme un diamant brut qu'il faut polir, adoucir pour que vous deveniez le plus beau des joyaux. Lorsque vous êtes en colère, vous avez la faculté de détruire en deux phrases la personne en face de vous car vous avez le don de connaître les faiblesses de votre adversaire et vous transpercez le cœur de ce dernier à coup de piques blessantes. Attention donc, sur un coup de colère, à ne pas perdre les gens que vous aimez sincèrement pour des futilités. Apprenez à mettre de l'eau dans votre vin, à vous calmer avant d'envoyer un message par exemple (je parle en connaissance de cause) !

Entier

Chanceux

Optimiste

LIBRE

Aventurier

Indépendant

Stratège

Blessant

Feu

CRU

Le look du SAGITTAIRE

Une coiffure pratique et cute

Un sac qui donne le smile, le Sagittaire est le signe le plus joyeux et optimiste du Zodiaque.

De la couleur, encore plus de couleur, le Sagittaire est très solaire et aime quand il y a du pep's !

Le Sagittaire est un sneakers addict, il adore être à la pointe de la mode mais qui doit correspondre à son mode de vie, c'est-à-dire à mille à l'heure !

Toujours en vadrouille, ce signe adore l'aventure mais plus que tout : voyager !

Capricorne

Né entre le 22 décembre et le 20 janvier

Élément : Terre
Planète maîtresse : Saturne
Polarité : Négative
Qualité : Cardinale
Maison : 10
Pierre : Onyx

Signification du signe astrologique du Capricorne

Deux interprétations nourrissent l'origine de la constellation du Capricorne. D'une part, il s'agirait d'Amalthée, la chèvre qui allaita Zeus dans son jeune âge. L'une de ses cornes se brisa et se remplit de nourriture, elle fut alors qualifiée de « corne d'abondance ». D'autre part, le Capricorne serait ce « mi-homme, mi-chèvre » du nom de Pan, fils d'Hermès, extrêmement laid mais merveilleux musicien. Pour tenter d'échapper à Typhon, il se transforma en créature « mi-chèvre, mi-poisson », son opportunisme le rendit fin stratège.

• Premier décan du 22 décembre au 31 décembre :
tendance à négliger l'entourage et l'affectif pour la réussite professionnelle.

• Deuxième décan du 1er janvier au 10 janvier :
persévérance, grand courage dans les tâches professionnelles.

• Troisième décan du 11 janvier au 20 janvier :
tendance au découragement, à se sous-estimer.

Ce qu'il aime :
l'argent, la rigueur, avoir des objectifs... les atteindre, ses proches

Ce qu'il déteste :
perdre du temps, la procrastination, l'hypocrisie, le « blablatage » inutile, la superficialité

ok oh, no

Sa personnalité :

Ambitieux, prévoyant, pessimiste, organisé, introverti

Phrases que pourrait dire un Capricorne

Les Capricorne dans la vraie vie

Le signe du Capricorne est le plus ambitieux du zodiaque. Réussir sa vie, c'est ce qui compte le plus pour lui. L'amour ? Second plan. Les amis ? Second plan. Il veut percer ! Ce sont des personnes travailleuses, patientes, quelque peu individualistes mais avec beaucoup de sang-froid. Le Capricorne est aussi humble et patient mais il peut paraître insensible et intolérant, c'est la carapace qu'il se crée pour se protéger des autres car c'est un signe qui a un grand cœur. Je le respecte énormément car je n'ai jamais vu un Capricorne ne pas obtenir ce qu'il veut professionnellement. Si vous lui mettez quelque chose en tête, il va le faire, encore une fois, c'est une bête à cornes, il ne lâche rien ! Cependant, en termes de sociabilité, c'est autre chose, le Capricorne déteste perdre son temps dans des relations inutiles et cherche des personnes aussi investies que lui dans leur vie. Il est tout de même appréciable d'avoir un Capricorne dans son entourage, il aide à garder les pieds sur terre et à faire preuve de pragmatisme.

Le Capricorne est fidèle, il aime que sa relation soit à son image : stable, sérieuse afin qu'il puisse se sentir à l'aise et confortable. Il apprécie que sa moitié partage ses ambitions professionnelles, c'est un signe qui tire l'autre vers le haut et le pousse à se dépasser. Attention à ne pas s'attarder sur son côté froid de prime abord, il faut creuser un peu pour voir l'amour intense qu'il porte à son partenaire.

Mon avis sur ton signe

Il s'agit de l'un des signes astrologiques sur lequel je peux le plus compter. Étant de nature assez curieuse, je n'aime pas me fier à mes premières impressions et je prends un malin plaisir à creuser votre carapace pour découvrir les merveilleuses personnes que vous êtes. La seule chose qui me fait un peu peur, c'est votre obsession pour vos ambitions qui, je trouve, vous déshumanise quelques fois. Hormis cela, dans la sphère du relationnel, avoir un ami Capricorne, c'est avoir un ami de confiance qui fera tout pour vous consoler et qui sera là même à 4 heures du matin pour venir vous chercher en voiture en sortant de boîte parce que vous êtes trop bourrés (ça sent le vécu).

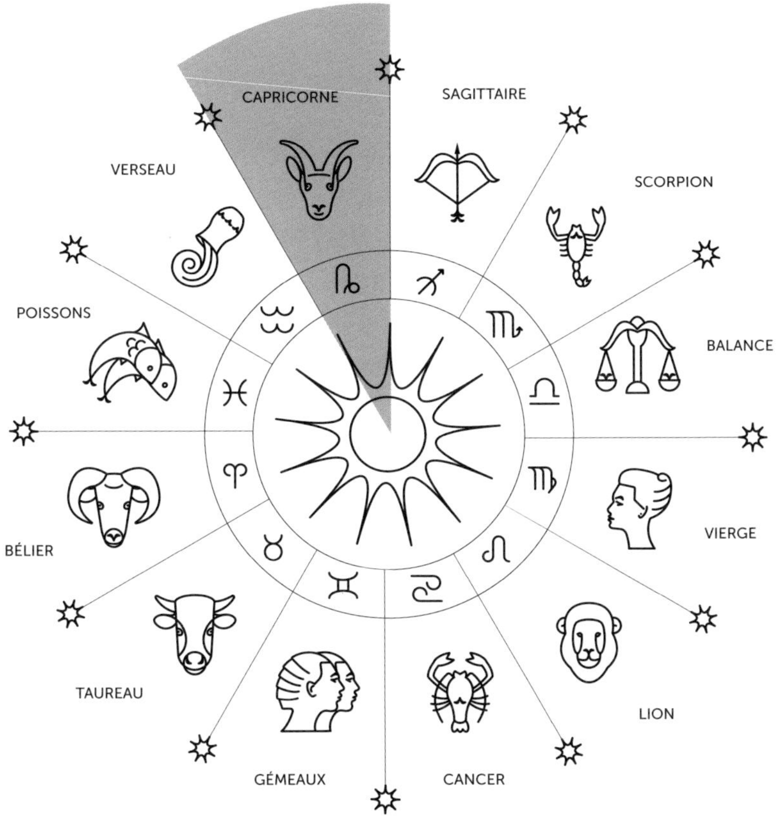

EN PRATIQUE,

les clés pour devenir la meilleure version du Capricorne

D'un point de vue professionnel, je pense que ce n'est pas à moi de vous donner des conseils, vous êtes déjà les meilleurs. Le tout est de savoir quelques fois débrancher, la vie ne tourne pas qu'autour de vos objectifs et du travail, essayez de lâcher prise, de prendre du temps pour vous et vos proches car vous risquez d'être rapidement sur les rotules. Attention aussi à votre santé, tant mentale que physique, ne tirez pas trop sur la corde, vous avez conscience de votre force mais apprendre à vous reposer serait la plus belle des leçons.

Sang-froid

PATIENCE

Réussite

Taciturne

Ambitieux

ARGENT

Opportuniste

Détaché

Réussite

Terre

Concentré

Froid

STABLE

Onyx

Indépendant

Le look du CAPRICORNE

Verseau

Né entre le 21 janvier et le 18 février

Élément : Air
Planète maîtresse : Uranus
Polarité : Positive
Qualité : Fixe
Maison : 11
Pierre : Saphir

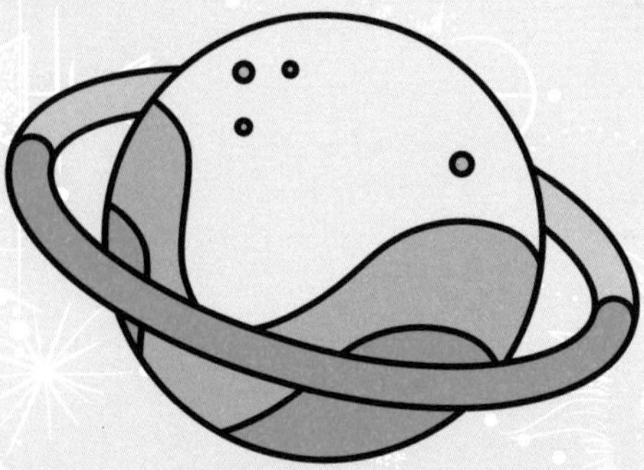

Signification du signe astrologique du Verseau

Le Verseau, bien que signe d'air, vient de celui qui « verse de l'eau » ou porteur d'eau. Il est aussi associé à la mythologie grecque, le Verseau ne serait autre que Ganymède qui servait l'eau à la table des dieux, enlevé par Zeus pour qu'il devienne son amant.

• Premier décan du 21 janvier au 30 janvier :
magnétisme, grand investissement dans les relations amicales et surtout amoureuses.

• Deuxième décan du 31 janvier au 10 février :
qualités d'orateur, leader né, influenceur.

• Troisième décan du 11 février au 18 février :
sensibilité accrue, besoin de reconnaissance et de romantisme en amour.

Ce qu'il aime :
sortir des sentiers battus, les autres, la liberté d'expression, ses combats, apprendre

Ce qu'il déteste :
qu'on l'oppresse, les conflits, qu'on ne soit pas de son avis, les jugements

Sa personnalité :

Original, indépendant, pacifiste, imprévisible, humaniste

Phrases que pourrait dire un Verseau

Je suis hyper facile à vivre, genre si on pouvait juste tous s'aimer et être ensemble, ce serait tellement plus simple.

J'ai besoin de personne pour me dire quoi faire, comment le faire et avec qui !

Suivre la mode c'est pas mon délire, je préfère suivre ma mode à moi.

Mais oui, ça va je t'ai dit, arrête d'insister !

Désolée, je suis en retard mais je te jure, je suis au bout de la rue.

Je sais que je devais venir à ta soirée mais au dernier moment j'ai complètement oublié que j'avais dit oui à quelqu'un d'autre pour autre chose !

Les Verseau dans la vraie vie

Le Verseau est tolérant, libre, curieux et ce qui le caractérise le plus, c'est son anticonformisme. Il déteste faire la même chose que tout le monde. Il est imprévisible et individualiste, assez distant envers les autres mais très loyal en amitié. Ce sont des personnes sur lesquelles vous pouvez compter mais pour parler d'elles, c'est tout autre chose. Le Verseau préfère éviter les conflits mais s'il se retrouve dans des débats ou des discussions relativement animées, c'est SON argument qui sera plus fort que tout. Parfois ce sont pourtant des arguments étranges basés sur ses idées anticonformistes et il ne veut pas écouter... Un débat avec un Verseau, c'est chaud, pourtant, il peut être si ouvert d'esprit mais à la fois si fermé à certains moments.

En amour, le Verseau est difficile à cerner et à aimer, il ne montre pas ses émotions et préserve son jardin secret. Lorsque la relation est engagée, il a du mal à faire des concessions et des sacrifices pour l'autre. Hormis ce point négatif, sa façon d'aimer est originale, il a plein d'idées pour plaire et rendre la vie amoureuse plus palpitante. Il a aussi parfois besoin d'être seul, dans sa bulle, paradoxalement, il recherche la stabilité et la confiance est primordiale pour lui.

Mon avis sur ton signe

Le Verseau est le signe astrologique le plus mystérieux pour moi mais qu'est-ce que je l'aime ! Votre manière de voir les choses et votre sens de l'originalité aiguisent mon côté créatif et révolutionne ma manière de penser, j'apprends beaucoup avec les Verseau. Lorsque vous vous confiez à un Verseau, c'est une tombe, il ne dira jamais rien, en revanche, impossible pour vous d'en savoir plus sur lui. Les Verseau sont des êtres qui ne s'ouvrent pas beaucoup et ont du mal à parler de ce qui ne va pas. Vous, Verseau, êtes des âmes qui apportez soleil et vitalité. Attention aux personnes qui aiment la routine, vous risquez d'être brusqués avec un Verseau.

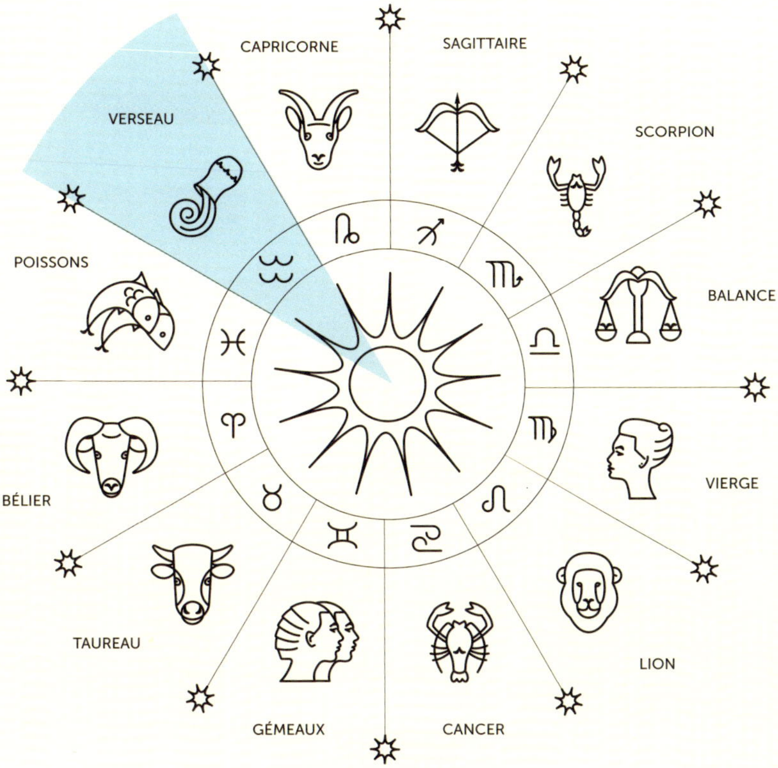

EN PRATIQUE,
les clés pour devenir la meilleure version du Verseau

Mes petits Verseau, vous avez tendance à penser que les autres sont dans votre tête ou ressentent vos émotions alors que vous avez du mal à les partager. Si vous voulez être compris de votre entourage, apprenez à vous ouvrir plus à eux et n'ayez pas peur de montrer vos faiblesses ou ce qui ne va pas car ça ne veut pas dire que vous êtes faibles. Vous qui êtes humanistes, soyez le un peu plus avec vous-mêmes. Sinon, continuez à révolutionner le monde dans lequel vous vivez, vous êtes l'avenir mais apprenez à écouter aussi les opinions des autres qui peuvent vous aider dans votre manière de réfléchir.

Pacifiste

Loyauté

AIR

Uranus

Anticonformiste

SAPHIR

Obstiné

Curieux

BESOIN
DE PERSONNE

Indépendant

Le look du VERSEAU

Toujours un petit livre sous la main... Le Verseau adore apprendre des choses sur le monde qui l'entoure

Une tenue très colorée et originale pour se démarquer et sortir du lot

Je n'ai jamais vu cette manière de lacer ses chaussures avant... Le Verseau ne fait rien comme les autres !

Poissons

Né entre le 19 février et le 19 mars

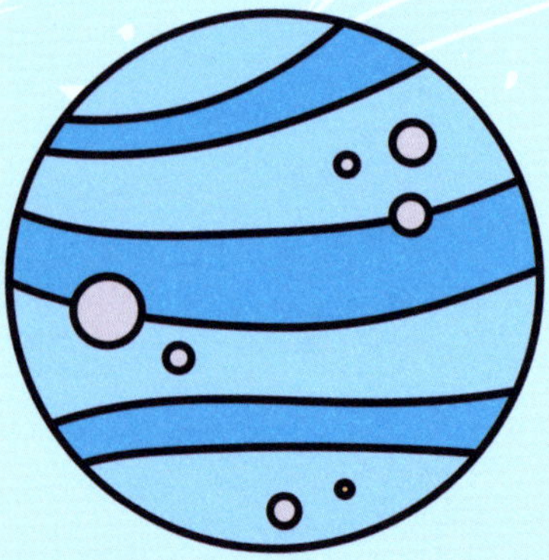

Élément : Eau
Planète maîtresse : Neptune
Polarité : Négative
Qualité : Mutable
Maison : 12
Pierre : Aigue-marine

Signification du signe astrologique du Poissons

Dans la mythologique grecque, Aphrodite déesse de l'amour et son fils Éros se jetèrent dans la mer pour échapper à la colère de Typhon. Poséidon leur envoya deux poissons pour les sauver, ceux-ci furent ensuite transformés en constellation.

• Premier décan du 19 février au 29 février :
tendance à la tristesse et à l'angoisse face à l'imprévu.

• Deuxième décan du 1er mars au 10 mars :
naïveté, incompréhension face à la méchanceté, grande émotivité.

• Troisième décan du 11 mars au 19 mars :
difficultés à trouver l'équilibre parfait entre famille, amour et travail, grande sensibilité créatrice.

Ce qu'il aime :
faire plaisir aux autres, la musique (l'art en général), l'amour, les rencontres, tout donner, rêvasser

Ce qu'il déteste :
blesser les autres, la tristesse, le manque de reconnaissance, rester sur place

ok | oh, no

Sa personnalité :

Dévoué, naïf, idéaliste, sensible, beau parleur, empathique

Phrases que pourrait dire un Poissons

Les Poissons dans la vraie vie

C'est un signe très intuitif. À l'instar du Scorpion, le Poissons a cette capacité à « sentir » les gens. C'est une éponge à émotions, ce qui lui permet d'avoir une empathie sans faille envers ses proches mais qui le pousse à ressentir ses émotions même négatives. Si vous avez du chagrin, le Poissons sera aussi triste que vous, il ressent les émotions à fond. Cette sensibilité qui le caractérise le pousse à vouloir aider le monde entier quitte à en perdre ses nageoires. C'est un signe qui veut que tout le monde se sente bien, au point de ne pas dire la vérité pour ne pas blesser (ce qui est un peu hypocrite même si l'intention est bonne). C'est un signe qui aura du mal à dire lorsque ça ne va pas car il aura du mal à éponger sa peine comme il le fait pour les autres. Très sensible aux différentes formes d'art, le Poissons arrive à voir la beauté partout, ce qui fait de lui un être très enthousiaste et créatif. Le Poissons est une source infinie d'idées et de nouveautés.

En amour, le Poissons a une tendance à idéaliser sa relation et son partenaire, ce qu'il cherche, c'est un prince charmant qui lui fera vivre un vrai conte de fées, attention à ne pas être rattrapé par la dure réalité !

Mon avis sur ton signe

Les Poissons, vous êtes des personnes ayant un amour infini pour votre environnement. Problème : votre entourage peut en profiter, se servir de vous et vous utiliser. Vous êtes pour moi des personnes fascinantes de par votre créativité et votre adaptabilité à toute situation (vous savez nager dans toutes les eaux). Avoir un Poissons dans son entourage, c'est avoir quelqu'un qui sera toujours là, prêt à se donner corps et âme pour vous. Attention à ne pas vous perdre, cette empathie risque de vous faire couler ! Tout comme vos amis de signes d'eau, vous êtes très sensibles et quelque peu fragiles mais dotés d'une force surprenante.

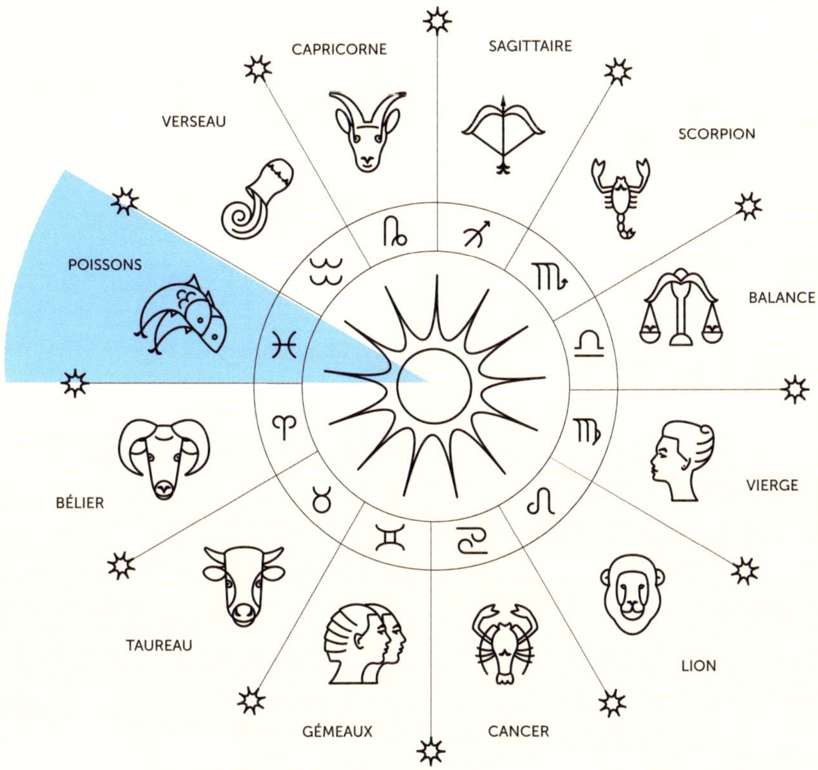

EN PRATIQUE,
les clés pour devenir la meilleure version du Poissons

Apprenez à vous protéger des personnes énergivores car à être trop généreux, vous risquez d'en souffrir et votre confiance en l'humain peut parfois vous desservir. Ce n'est pas être mauvais que de ne pas tout donner, il faut juste savoir à qui donner pour vous protéger. J'admire autant votre facilité à pardonner qu'elle me fait peur pour vous. Apprenez à prendre du recul sur les autres et sur vous car justement, vous mettez beaucoup de cœur dans tout ce que vous faites. Et sachez une chose, dire un mensonge qui fait du bien n'est pas servir une personne, bien au contraire.

Sensations

Rêve

Passionné

Sensuel

BEAU
PARLEUR

Romantique

Angoisse

DÉMAGOGUE

Neptune

Empathique

Le look du Poissons

Hein ? Quoi ? J'ai pas entendu... (Eh oui, le Poissons est toujours dans bulle)

Le Poissons ne sort jamais sans ses écouteurs ou son casque, il vit pour la musique...

Un café pour être bien réveillé car il est souvent en retard

Le tote bag qu'il a chopé dans son dernier festival de musique préféré

Le T-shirt de son film préféré car le Poissons est très sensible à l'art cinématographique

Les planètes

Il est essentiel de commencer par le commencement... Et le début, notre naissance à tous, la naissance de notre monde, correspond à l'origine de toutes les autres planètes. Et oui, nous ne sommes que des petites fourmis et encore, je suis gentille car à l'échelle des planètes, nous représentons de ridicules microparticules. De quoi relativiser nos soucis du quotidien... et les comprendre !

Comme je l'ai dit, prenons la base, je vais vous livrer la définition d'une planète telle qu'elle a été validée par l'Union Astronomique Internationale (UAI) : une planète est un corps céleste qui est en orbite autour du Soleil. Elle a une masse suffisante pour parvenir à un équilibre hydrostatique (sa forme est donc presque ronde, j'ai bien dit « presque ») et elle a nettoyé le voisinage de son orbite. Dans le système solaire, nous comptons cinq planètes ainsi que huit planètes naines connues. Ce sont celles qui nous intéressent, elles sont proches de nous et influent sur notre quotidien depuis la nuit des temps.

À l'instant où vous naissez, les planètes sont alignées d'une certaine manière, cette position précise a une influence sur la personnalité et le caractère que vous développerez. Chacune a un rôle précis, négatif, positif, directif, conducteur. Bref, c'est ce qui fait que deux personnes ayant pourtant le même signe astrologique ne se ressemblent pas tant que ça, il y a toutefois des dominantes, des points communs que vous ne pouvez pas cacher.

Je vous propose maintenant d'entrer dans mon univers cosmique : apprenez à connaître les planètes et vous en saurez davantage sur vous et sur vos proches ! Il vous suffit de connaître vos date et lieu de naissance ainsi que l'heure précise de votre venue au monde, vous pourrez rechercher votre thème astral ainsi que la carte du ciel du jour de votre naissance, vous risquez d'être épatés ! Allez, c'est parti...

1

Le Soleil

Définition scientifique :

Composé d'hydrogène et d'hélium, le Soleil est l'étoile du système solaire. La distance entre la Terre et le Soleil est d'environ 150 millions de kilomètres. Il représente à lui seul 99,8 % de la masse du système solaire, c'est sa masse qui fait que les autres planètes gravitent autour de lui. Sa fonction pour nous est déterminante et essentielle : le Soleil apporte chaleur et lumière à notre planète et rythme sa vie à la surface. Voyez comme son rôle est important : la Terre et, donc, nous tournons autour de lui.

Définition en astrologie :

Le Soleil représente « ce que je suis » pour les autres, une sorte de « moi social ». Il est associé à la volonté, la confiance en soi et la générosité lorsque son influence est positive. Si l'influence est négative, il peut tendre vers l'égocentrisme et l'orgueil. Dans tous les cas, le Soleil est un élément central, une source de lumière, il est le centre de tout, la source, le départ de nos actions, notre façon de rayonner.

Le Soleil, comme la Lune, ne rétrograde jamais.

Son symbole :

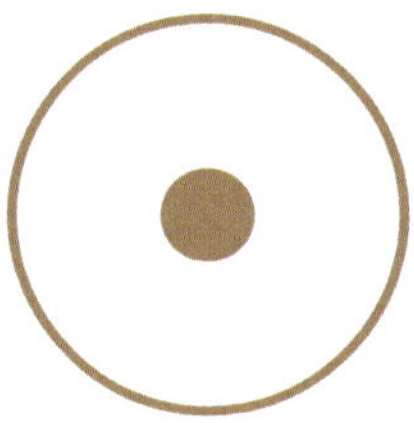

Maison associée : 5

Signe associé : Lion

Élément : Feu

Ce qu'il représente : la force de vie, la vitalité, l'animus, le père, le chef

Sa pierre : Diamant

Que représente le Soleil dans chaque signe ?

Le Soleil en Bélier : courage, volonté, dynamisme et belle énergie, enthousiasme, ambition, mais attention à l'impulsivité, la précipitation et la colère !

Le Soleil en Taureau : pragmatisme, persévérance, quelques longueurs mais une avancée réelle, endurance, patience, douceur de vivre, investissement à long terme, calme.

Le Soleil en Gémeaux : esprit curieux et vif, soif d'apprendre, grande énergie (parfois dure à dominer), envie de changement, agitation.

Le Soleil en Cancer : esprit protecteur, besoin de cocon familial, se rassurer avec des habitudes, trouver des repères fiables et solides, envie de revenir aux sources, se remémorer des souvenirs de jeunesse, souhait de se recentrer sur soi, sur ses proches et sur son intimité.

Le Soleil en Lion : rayonnement, puissance, confiance en soi, assurance, réalisation de grands projets, chamboulements positifs, renforcement du côté leader, besoin d'imposer ses idées… et ça marche !

Le Soleil en Vierge : renforcement des aspects méthodiques, organisation, pragmatisme, minutie pour le travail, sérieux, gérer tous les domaines. Attention à ne pas craquer à cause de la surcharge professionnelle et mentale !

Le Soleil en Balance : accentuation du côté sociable, séducteur et chaleureux, plaisir et joie sont au rendez-vous dans de multiples domaines.

Le Soleil en Scorpion : renaissance et combativité sont à l'ordre du jour. Des obstacles apparaissent et ce n'est qu'une quête du « moi profond » qui sera la clé pour les surmonter. Il faudra chercher en soi pour régler les problèmes afin de sortir grandi de toutes situations.

Le Soleil en Sagittaire : capacité d'ouverture, de compréhension des autres et de soi-même. C'est une combinaison propice pour nouer des relations et s'intéresser au monde qui nous entoure : générosité et découverte en sont les maîtres mots.

Le Soleil en Capricorne : faculté de construction ou d'élaboration d'un projet à long terme avec fougue, ambition et sérieux, idéale pour montrer sa valeur, en particulier sur le plan professionnel. Il sera souvent question de récolter les fruits du travail accompli. Toutefois, ces moments peuvent entraîner des périodes de sérieux et de solitude.

Le Soleil en Verseau : c'est une combinaison qui aide à réaliser nos rêves ! L'esprit est vif, ouvert, curieux, a envie d'évoluer et de choses nouvelles. La créativité et l'originalité seront constamment à l'ordre du jour.

Le Soleil en Poissons : beaucoup d'émotions à prévoir avec cette combinaison propice à l'altruisme et au partage. Elle entraîne une envie d'amour et une compassion indéniable. Attention justement à ne pas « trop s'ouvrir » ou les émotions deviendront négatives.

2

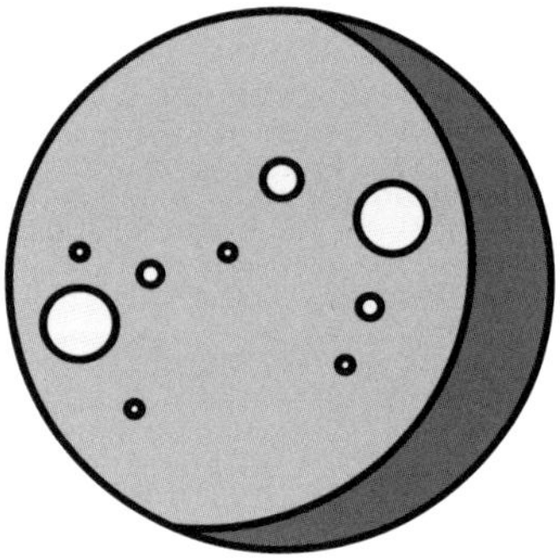

La Lune

Définition scientifique :

La Lune est le seul satellite naturel de la Terre. Cinquième plus grand satellite naturel du système solaire, elle reçoit sa lumière du Soleil. Elle se trouve à un peu moins de 385 000 kilomètres de la Terre et met environ 28 jours à en faire le tour.

Définition en astrologie :

La Lune est depuis toujours associée à une divinité féminine, en ce sens elle symbolise la féminité. Elle met en avant les émotions, la manière de les gérer, la sensibilité, la fécondité et le rêve. La Lune représente également le cycle de la vie. Au rythme de sa croissance, sa décroissance, sa disparition et sa réapparition, elle évoque la naissance, la vie, le déclin, la mort et la renaissance.
La Lune, comme le Soleil, ne rétrograde jamais.

Son symbole :

Maison associée : 4
Signe associé : Cancer
Élément : Eau
Ce qu'elle représente : notre part de rêve, de poésie, de sensibilité et d'émotions. Elle est associée à l'intériorité et aux doutes.
Sa pierre : *Pierre de Lune*

Que représente la Lune dans chaque signe ?

La Lune en Bélier : créativité, bonne humeur et dynamisme, la sensibilité est à l'honneur.

La Lune en Taureau : douceur, quiétude et protection, le contexte est rassurant la plupart du temps.

La Lune en Gémeaux : l'esprit est sublimé, vif et fin, la personnalité est tournée vers l'intellectuel.

La Lune en Cancer : liens affectifs forts, altruisme, rassemblements familiaux, expression des sentiments, peur de perdre un être cher.

La Lune en Lion : beaucoup d'amour à donner, attention à l'excès de sentiments pouvant tendre vers la jalousie et la domination.

La Lune en Vierge : le souci du détail et une réalisation méticuleuse des projets pourront créer un profond stress.

La Lune en Balance : la recherche d'un équilibre entre la raison et les sentiments, sociabilité.

La Lune en Scorpion : beaucoup de charisme, voire du magnétisme, sentiment de puissance pouvant être un peu trop exacerbé.

La Lune en Sagittaire : philosophie, droiture, spiritualité et le sens des valeurs morales.

La Lune en Capricorne : ambition, pragmatisme, tendance à cacher ses sentiments pour se concentrer sur des projets d'ordre professionnel.

La Lune en Verseau : grande sociabilité, altruisme, envie de créer, originalité.

La Lune en Poissons : l'imagination et le rêve sont sur le devant de la scène. Beaucoup d'émotions et de sensibilité.

Le mouvement de la Lune et son impact sur nous :

La Lune se déplace autour de la Terre tout en tournant sur elle-même et en étant éclairée par le Soleil. Dans la première phase de son cycle, la Lune est invisible, on l'appelle alors « Nouvelle Lune ». Puis elle devient un croissant qui grandit, on dit qu'elle croît jusqu'à former un angle droit avec le Soleil par rapport à la Terre, il s'agit du premier quartier. Lorsque la Lune forme un cercle complet dans l'œil du Terrien, elle est placée sur l'alignement du Soleil et de la Terre, à l'opposé du Soleil, elle devient donc pleine. Elle continue son chemin en décroissant.

Lors des nuits de pleine lune, il est constaté que nous nous endormons plus tard et que notre temps de sommeil est raccourci. Le rayonnement de la Lune aurait une influence directe sur notre corps, nous rendant plus « électriques, voire agressifs ». La Lune influerait sur les matières liquides, comme notre corps mais aussi la mer : les marées hautes et basses seraient amoindries de près de 75 % si la Lune n'était pas là.

La Pleine Lune représente la fin d'un cycle, le moment où l'on sème ce que l'on récolte, on obtient les résultats de nos dernières actions, qu'elles soient positives ou négatives.

La Nouvelle Lune, quant à elle, représenterait un renouveau, un changement, un autre départ, c'est le moment idéal pour élaborer de nouveaux projets et se donner de nouveaux objectifs.

N'oublions pas **la Super Lune,** elle intervient lorsque deux évènements entrent en action : la Lune doit être pleine et son point d'orbite au plus proche de la Terre. Elle apparaît ainsi beaucoup plus grosse, plus lumineuse. On l'appelle aussi Super Lune rose puisqu'elle annonce le printemps et l'éclosion des fleurs. En revanche, son impact sur nous n'est pas forcément très rose ! Elle peut créer une sorte de malaise, faire ressortir nos sentiments refoulés, nos secrets et nos pensées sombres. Émotions fortes et chamboulements affectifs sont donc à prévoir… quatre à six fois par an !

Bonus sur la lune… et pas des moindres !

Si nous voulons être tout à fait complets, impossible de ne pas évoquer et expliquer clairement les nœuds lunaires si vous ne voulez pas vous faire des nœuds au cerveau justement ! Les nœuds lunaires ne sont pas des planètes, ce sont des points de fiction, en opposition. Il s'agit des points de l'orbite de la Lune où elle traverse la trajectoire du Soleil dans le ciel.

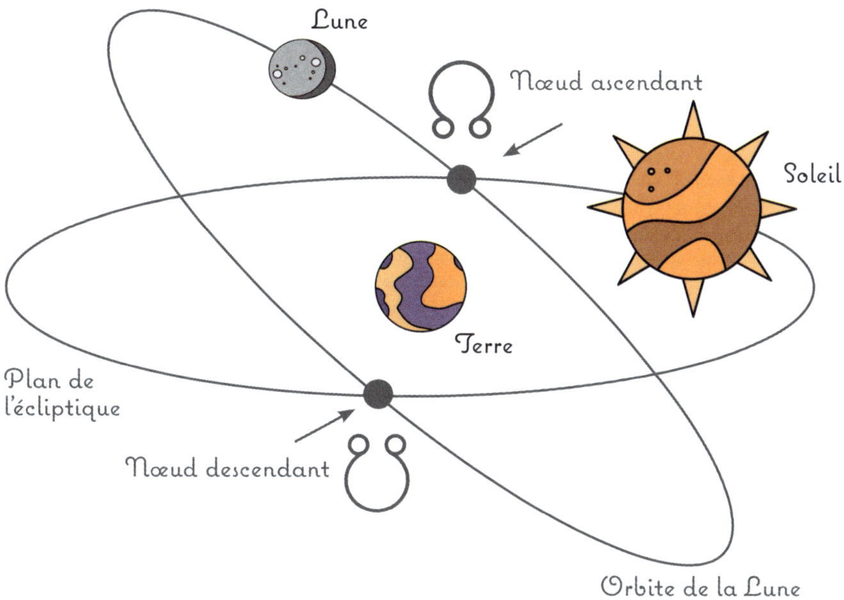

Plus simplement, quand la Lune semble monter dans le ciel, elle arrive au nœud nord, ou nœud ascendant. Inversement, quand on la voit redescendre, elle rejoint ce que l'on appelle le nœud sud, ou nœud descendant. Là encore, cette position influe sur nous, notre esprit, nos actions et notre mental. Le Nœud Sud et le Nœud Nord ne durent que quelques heures et se produisent deux fois par mois.

NŒUD SUD : il représente un portail vers le passé, nos blessures, nos vies antérieures ou comment nous nous en servirons pour évoluer dans notre vie. Il nous invité à mieux nous comprendre intérieurement pour agir selon nos vraies valeurs, celles qui font partie de nous.

NŒUD NORD : il correspond au chemin de la vie, nos croyances, notre parcours, la direction à prendre pour s'accomplir. Il nous invite à changer et à réfléchir pour réussir notre mission de vie et atteindre ainsi notre idéal.

Nœud Sud et Nœud Nord sont indissociables, leur opposition fonctionne à la manière de l'électricité, comme le besoin du pôle positif et du pôle négatif pour produire l'énergie.

Nœud Sud en Bélier, Nœud Nord en Balance

Nœud Sud en Bélier : indépendant et impulsif, vous avez toujours voulu prendre des responsabilités, ce qui vous permettra de foncer dans vos projets. Dans vos autres vies, votre tempérament était très séducteur avec un besoin de reconnaissance important.

Nœud Nord en Balance : tempérament quelque peu égocentrique qu'il serait bon de modérer car votre mission est d'écouter et d'être attentif aux autres. Acceptez d'avoir beaucoup de choses à apprendre, notamment de la part des enfants qui vous affectionnent.

Nœud Sud en Taureau, Nœud Nord en Scorpion

Nœud Sud en Taureau : dans une vie lointaine, vous étiez de « la haute » comme on dit. Votre patrimoine était important, vous ne manquiez pas de richesses et de raffinement, d'où votre goût actuel pour les belles choses et l'argent.

Nœud Nord en Scorpion : il faudra vous ouvrir, partager ce que vous ressentez et ne plus vous enfermer. Prenez garde à ne pas tout mélanger et vous lancer dans des passions sans bornes qui peuvent s'avérer profondément destructrices et douloureuses.

Nœud Sud en Gémeaux, Nœud Nord en Sagittaire

Nœud Sud en Gémeaux : vous avez vécu des épreuves dans une autre vie et avez certainement été enfermés ou isolés. Pour ne pas revivre cela, vous voulez maintenant contrôler votre vie et surtout, vous avez besoin d'air, d'espace.

Nœud Nord en Sagittaire : vous pouvez élaborer toutes sortes de projets avec ambition, professionnels ou sentimentaux, vous en êtes capables. Cependant, ne vous dévoilez pas trop, l'excès pourrait vous nuire.

Nœud Sud en Cancer, Nœud Nord en Capricorne

Nœud Sud en Cancer : romantisme et douceur ont toujours été vos caractéristiques. Vous rêviez aussi d'idéal, en ce sens le monde et la mort vous terrifient. Vos peurs vous ont donné l'envie de prendre soin des autres plutôt que de vous-mêmes, pourtant, dès que vous faites preuve d'audace, vos efforts paient.

Nœud Nord en Capricorne : l'éducation que vous avez reçue est très forte dans votre chemin de vie, vous vous basez dessus pour prendre vos décisions. Il serait bon d'agir seul à présent, selon vos intuitions. Il faut dépasser vos peurs et tout vous réussira, en particulier dans tout ce qui concerne les contrats et l'écriture.

Nœud Sud en Lion, Nœud Nord en Verseau :

Nœud Sud en Lion : subtilité, élégance, vos anciennes vies faisaient de vous un être particulièrement distingué. Vous vivez au sein de bruits harmonieux, de belles musiques afin de vous sentir bien. Lorsque vous n'obtenez pas la reconnaissance escomptée, vous devenez froids et susceptibles. L'image est très importante pour vous et vous vivez souvent dans la nostalgie.

Nœud Nord en Verseau : vous êtes curieux, vous aimez les défis et être applaudis pour les avoir atteints. Toutefois, votre tendance à vous disperser pourra vous procurer de grands moments de solitude. La peur de l'abandon justement pourrait vous pousser à vous jeter dans les bras de n'importe qui, dans le but de penser à autre chose.

Nœud Sud en Vierge, Nœud Nord Poissons

Nœud Sud en Vierge : dans vos anciennes vies, l'analyse, l'apprentissage et la compréhension des problèmes étaient vos priorités. Vous vouliez tout comprendre, tout apprendre et l'enseigner ensuite, comme un médecin par exemple. D'un point de vue familial, vous avez vécu une cassure, une rupture ou un décès qui vous a marqué. Vous ressentez aujourd'hui ce manque affectif.

Nœud Nord en Poissons : la technique et la théorie sont vos bases. Vous devriez laisser plus de part à la curiosité, à vos ressentis et à vos intuitions. Ne niez plus votre talent créatif. Ayez l'audace de vous ouvrir et d'apprendre à mieux vous connaître et la passion sera au rendez-vous.

Nœud Sud en Balance, Nœud Nord en Bélier

Nœud Sud en Balance : la fuite, la fuite, la fuite ! De nature indépendante, dans vos anciennes vies, vous aviez tendance à partir sans demander votre reste dès que quelque chose ne vous convenait pas. Au-delà de ça, votre envie d'être entouré restait primordiale, ce qui explique aujourd'hui votre esprit de contradiction. Vous parvenez à vous faire des amis sans problème. Les moments difficiles que vous pouvez traverser sont atténués par de grands moments de joie.

Nœud Nord en Bélier : vous vous dispersez dans votre vie sociale et professionnelle qui vont un peu dans tous les sens ! N'hésitez pas à vous engager, si vous décidez de travailler sur vous-mêmes et d'apprendre à vous connaître, tout se passera bien. Ne vous servez pas des autres pour assumer ou expliquer vos fautes, cela se retournera contre vous.

Nœud Sud en Scorpion, Nœud Nord en Taureau

Nœud Sud en Scorpion : dans vos vies antérieures, vous avez vécu des situations chaotiques et des évènements particulièrement douloureux qui expliquent vos angoisses récurrentes aujourd'hui, angoisses que vous tentez d'atténuer par des excès en tout genre. Vous vous servez souvent du rapport de forces pour maîtriser une relation.

Nœud Nord en Taureau : travail et traditions familiales sont vos leitmotivs pour avancer. Vous aimez transmettre votre héritage et vos valeurs pour vous assurer qu'elles s'inscrivent à travers les générations. Réussites et échecs vous forgeront et vous apprendront à agir avec moins de rigueur. L'âge et l'expérience vous sont bénéfiques.

Nœud Sud en Sagittaire, Nœud Nord en Gémeaux

Nœud Sud en Sagittaire : dans une autre vie, vous faisiez confiance à votre instinct et il vous trompait rarement. Vous remportiez des batailles, des combats et étiez souvent victorieux. Vous aimiez avoir une sorte de sentiment de supériorité sur votre entourage. Votre désir, fort, fait de vous aujourd'hui un être aimant la sensualité et la séduction.

Nœud Nord en Gémeaux : audacieux, ambitieux, charismatique, il faudra toutefois atténuer un peu ses caractéristiques pour parvenir à vos fins. Il s'agit de vous montrer plus doux pour que l'on vous accorde une certaine confiance. Après ce travail, vous feriez un très bon chef, motivant et inspirant pour une équipe ou pour votre entourage.

Nœud Sud en Capricorne, Nœud Nord en Cancer

Nœud Sud en Capricorne : vous aviez cette peur de l'infini, de l'existence, de tout ce que vous ne pouviez pas expliquer ou maîtriser. Vous avez cette impression d'avoir vécu de multiples histoires et expériences. Vous n'aimiez pas le manque d'efficacité ou les actions inutiles, vous avez accompli de grandes choses sans vous en vanter.

Nœud Nord en Cancer : vous êtes en demande d'une certaine considération de la part de vos proches et vous retrouvez souvent déçus. Pour y parvenir, il faudrait davantage parler, communiquer et exprimer ce que vous ressentez. Apprenez à vous connaître et surtout à vous aimer, cela changera bien des choses.

Nœud Sud en Verseau, Nœud Nord en Lion

Nœud Sud en Verseau : dans vos anciennes vies, vous charmiez par votre regard, votre enthousiasme débordant et votre réussite. Vous étiez très populaires et adoriez cela. Parfois considéré comme un être changeant et lunatique, vous n'agissez en réalité que par amour et avec amour pour le monde qui vous entoure.

Nœud Nord en Lion : si vous faites confiance aux bonnes personnes et que vous saisissez les bonnes opportunités, votre avenir s'annonce brillant, il suffit juste de prendre assez de recul pour faire les bons choix. Faites des pauses de temps à autre, sinon vous risquez de vous épuiser et de lasser votre entourage.

Nœud Sud en Poissons, Nœud Nord en Vierge

Nœud Sud en Poissons : la nostalgie et la mélancolie s'inscrivent dans vos vies antérieures. Des regrets et le sentiment de ne pas être là où vous deviez être vous troublent encore aujourd'hui. À force de rêver d'un monde meilleur, vous n'agissiez pas assez et aviez du mal à gagner beaucoup d'argent, ce qui perturbe votre rapport à l'argent aujourd'hui.

Nœud Nord en Vierge : vous n'aurez pas peur de vous confronter à la réalité dans le sens où vous tenterez de trouver des solutions pour chaque problème. Vous aurez une certaine confiance dans les capacités de votre entourage, vous lui apprendrez des choses pour qu'il devienne meilleur, tout comme votre objectif est de vous améliorer constamment, surtout en amour.

3

Mercure

Définition scientifique :

Contrairement aux planètes gazeuses, Mercure est composée de roches, de métaux, en particulier du fer. Plus petite planète du système solaire, elle en est aussi la plus proche. N'ayant pas d'atmosphère pour retenir la chaleur, la température y est comprise entre moins 180°C et 430°C. Sa période de révolution est la plus rapide du système solaire : environ 88 jours (entendez par « révolution » le temps qu'il faut à une planète pour tourner autour de son étoile).

Définition en astrologie :

Mercure est une planète symbolisant la communication, les échanges, le mental et favorise le côté intellectuel. Mercure est une sorte de soutien au Soleil, elle aide ses actions au niveau mental et intellectuel.

Son symbole :

Maison associée : *3 et 6*

Signe associé : Gémeaux et Vierge

Élément : Terre

Ce qu'elle représente : l'affirmation de soi par l'intellect, l'éloquence, la communication en général

Sa pierre : Topaze

Que représente Mercure dans chaque signe ?

Mercure en Bélier : l'optimisme et la créativité sont de mise mais gare à l'impulsivité et à l'agressivité.

Mercure en Taureau : la persévérance est bien là, elle aide à dépasser les retards et ralentissements.

Mercure en Gémeaux : une grande curiosité et des facultés d'apprentissage mais attention à une tendance à se disperser.

Mercure en Cancer : beaucoup d'émotivité, et une sensibilité qui prend le dessus sur la communication et noie quelque peu le mental.

Mercure en Lion : de la confiance, de la volonté, du dynamisme, particulièrement d'un point de vue affectif mais le côté autoritaire tente de prendre le dessus.

Mercure en Vierge : de la nervosité dans l'air mais la priorité est le travail et la tâche accomplie avec précision.

Mercure en Balance : un esprit subtil, connecté et une sociabilité forte.

Mercure en Scorpion : du charisme, du magnétisme mais un côté un peu dark.

Mercure en Sagittaire : de la joie, de la bonne humeur, de la sympathie et de la réflexion sur des sujets profonds.

Mercure en Capricorne : du sérieux et une grande logique permettant d'être à la hauteur de ses ambitions.

Mercure en Verseau : l'intelligence mêlée à l'originalité pouvant amener un côté excentrique.

Mercure en Poissons : de la douceur, du charme et de la sensibilité, des qualités artistiques indéniables.

Et quand on dit « mercure rétrograde », ça veut dire quoi ?

Voilà un sujet complexe ayant tendance à décourager les débutants en étude d'astrologie. Ne vous en faites pas, ce n'est pas si compliqué que cela... « Une planète qui rétrograde » signifie que la planète semble ralentir sa trajectoire, stagner puis faire un retour en arrière. Il s'agit d'une illusion d'optique, la planète semble quasiment effectuer un demi-tour. Depuis des millénaires, les astrologues ont observé que ce phénomène avait des impacts flagrants et étonnants sur notre comportement, nos ressentis et notre manière d'agir. Eh oui, une planète qui rétrograde aura tendance à nous bouleverser quelque peu ! Attention, ce n'est pas forcément négatif, bien au contraire ! Disons que cela nous force à travailler un peu sur nous...

Le mouvement de Mercure et son impact sur nous :

Aïe, aïe, aïe ! Quand Mercure rétrograde, quasiment tout le zodiaque en prend pour son grade ! Ce phénomène provoque des changements majeurs dans les domaines de la communication, de l'intellect et du mental. Mercure rétrograde tous les 88 jours, entraînant des retards, des ralentissements, voire des blocages. La situation est chaotique et mieux vaut ne pas entamer de projets ou de relations pendant cette période. Patience cela ne dure que 24 jours... mais cela revient trois fois par an !

4

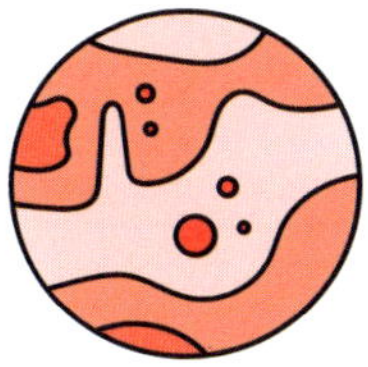

Vénus

Définition scientifique :

Vénus est la sixième plus grosse planète du système solaire et la deuxième plus proche du Soleil. Cette planète tellurique présente des points communs avec la Terre comme sa composition ou son diamètre, elle est d'ailleurs surnommée la « planète sœur de la Terre ». Elle tourne dans le sens opposé des autres planètes. Par exemple, sur Vénus, le Soleil se lève à l'Ouest. Elle brille et scintille grandement, celle que l'on appelle « l'Étoile du Berger », c'est elle !

Définition en astrologie :

Vénus tire son nom de la déesse romaine de l'amour, c'est donc sans surprise que Vénus se révèle être la planète de l'amour. Elle représente la manière d'aimer, notre conception de l'amour et d'un plan plus global, nos relations sentimentales.

Son symbole :

Maison associée : 2 et 7
Signe associé : Taureau et Balance
Élément : Air
Ce qu'elle représente : l'attraction, l'amour, l'affect
Sa pierre : Émeraude

Que représente Vénus dans chaque signe ?

Vénus en Bélier : passion, rapidité, dynamisme avec une tendance à se lasser tout aussi vite.

Vénus en Taureau : apporte la sensualité, du charnel mais avec du mal à dévoiler ses émotions, cela prend du temps.

Vénus en Gémeaux : l'amour est doux, léger, synonyme de plaisir mais pas vraiment sérieux, une peur de l'engagement.

Vénus en Cancer : besoin de liens forts, de relations solides avec un côté très maternel.

Vénus en Lion : de la générosité, un grand cœur pour un grand amour mais demande presqu'autant en retour.

Vénus en Vierge : timidité, discrétion avec un désir puissant de sécurité dans la relation.

Vénus en Balance : sensibilité et écoute de l'autre pour une harmonie quasi parfaite.

Vénus en Scorpion : de la passion, de l'intensité, une grande attirance sexuelle mais peu de tendresse.

Vénus en Sagittaire : l'amour oui mais avec de la liberté, de l'enthousiasme et de la légèreté.

Vénus en Capricorne : émotions maîtrisées voire contrôlées, un peu trop de sérieux pour dévoiler ses sentiments.

Vénus en Verseau : ouverture, indépendance, liens intellectuels ponctués d'exubérance.

Vénus en Poissons : douceur, sens du sacrifice et de la compassion, beaucoup de tendresse.

Le mouvement de Vénus et son impact sur nous :

Vénus rétrograde tous les ans pour une durée d'une quarantaine de jours environ. Ce phénomène provoque des chamboulements dans la vie affective avec une remise en question des sentiments et des valeurs communes dans une relation. Les différences entre partenaires paraissent exacerbées, provoquant disputes ou ruptures.

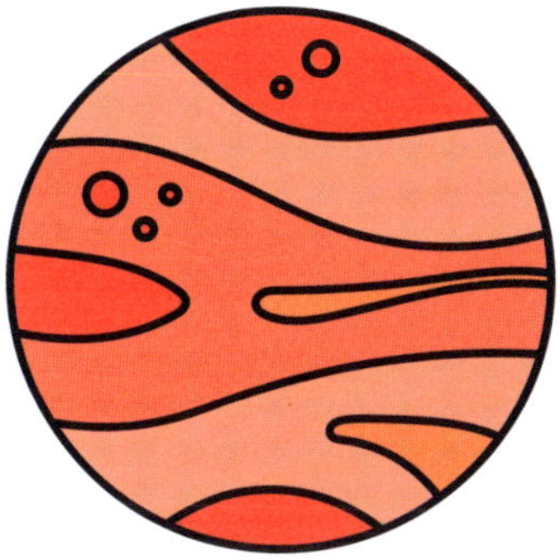

Mars

Définition scientifique :

Mars ou la « planète rouge » est une planète rocheuse deux fois plus petite que la Terre. Quatrième planète du système solaire, elle a des points communs avec la Lune (cratères) et avec la Terre (volcans, vallées et dunes). Observable à l'œil nu (sans télescope), la période de rotation de Mars est quasi similaire à celle de la Terre. Elle se situe à plus de 249 millions de kilomètres du Soleil.

Définition en astrologie :

Ne surtout pas se fier à sa petite taille ! Par sa puissance vibratoire, Mars peut écraser des planètes bien plus grosses qu'elles ! Elle représente le combat, la lutte, l'action, la domination et parfois la violence. En somme, Mars est le parfait opposé de Vénus : deux opposés qui s'attirent de façon magnétique.

Son symbole :

♂

Maison associée : 1, 8 et Ascendant
Signe associé : Bélier et Scorpion
Élément : Feu
Ce qu'elle représente : la manière d'agir dans les combats
Sa pierre : Rubis

Que représente Mars dans chaque signe ?

Mars en Bélier : amène l'instinct dominant ainsi que beaucoup d'audace, de l'impulsivité et de la force.

Mars en Taureau : force et solidité dans le calme, la persévérance est très développée.

Mars en Gémeaux : beaucoup d'énergie associée à un bon mental, attention de ne pas trop en faire à la fois et risquer de se disperser.

Mars en Cancer : le pouvoir de se défendre, de déjouer les attaques et s'avérer tenace dans le combat.

Mars en Lion : de la créativité, une bonne volonté et de la passion à l'ouvrage.

Mars en Vierge : de la logique et de l'organisation à toute épreuve, travailleur timide mais accompli.

Mars en Balance : l'empathie et la diplomatie prédominent avec un sens fort de la médiation.

Mars en Scorpion : l'instinct est le plus fort quitte à faire preuve de provocation et de violence.

Mars en Sagittaire : tendance à s'éparpiller en pensant trop à son objectif de liberté et sa soif d'aventures.

Mars en Capricorne : grande énergie mais canalisée en vue d'être responsable, sérieux et un brin stratège.

Mars en Verseau : de l'audace, du charisme, un côté foufou imprévisible, parfois impitoyable, intransigeant.

Mars en Poissons : de l'abnégation, de la compassion pour beaucoup de douceur et de sensibilité.

Le mouvement de Mars et son impact sur nous :

Mars rétrograde pendant 65 jours à peu près tous les deux ans. Quand Mars rétrograde, c'est directement notre énergie qui est touchée, altérée. Selon le signe, il est difficile de la canaliser, on bouillonne de l'intérieur. De mauvais choix peuvent ainsi être faits, mieux vaut éviter les grandes décisions durant cette période.

6

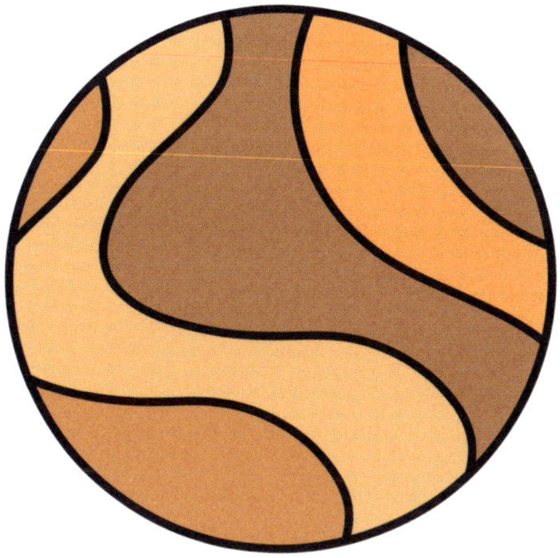

Jupiter

Définition scientifique :

Jupiter, la géante gazeuse, est la plus grosse planète du système solaire, elle est d'ailleurs plus grande que toutes les autres planètes réunies et onze fois plus grande que la Terre. Jupiter est une planète que l'on peut qualifier de « torturée », les tempêtes y font rage avec des vents allant jusqu'à 600 kilomètres heure. Elle est la cinquième planète du système solaire par rapport à sa distance au Soleil. Brillante, on peut la voir dans la nuit à l'œil nu.

Définition en astrologie :

Jupiter tient son nom du dieu romain Jupiter, ou Zeus en grec. En astrologie, Jupiter représente l'expansion de soi dans le domaine social et la réussite. Elle est donc étroitement liée à la carrière et annonce la plupart du temps de bonnes nouvelles. Elle peut aussi dans certains cas amplifier les conséquences d'un évènement négatif.

Son symbole : ♃

Maison associée : 9 et 12

Signe associé : Sagittaire et Poissons

Élément : Air

Ce qu'elle représente : la manière d'évoluer au sein la société, la sociabilité, la maturité et l'expérience

Sa pierre : Améthyste

Que représente Jupiter dans chaque signe ?

Jupiter en Bélier : confusion dans les relations sociales avec parfois rapports de force et de domination.

Jupiter en Taureau : matérialiste mais pouvant faire preuve de générosité et se montrer charitable.

Jupiter en Gémeaux : curiosité, sociabilité, volonté d'intellectualiser les choses et de tout verbaliser.

Jupiter en Cancer : générosité, volonté d'instaurer une certaine sécurité et protection.

Jupiter en Lion : charisme, créativité et audace pour briller en société.

Jupiter en Vierge : apporte autant de dévotion que de productivité, capacité de coopération.

Jupiter en Balance : diplomatie, médiation et sociabilité permettant un certain opportunisme.

Jupiter en Scorpion : pouvoir, domination, une grande intuition et un charisme qui fascinent son environnement.

Jupiter en Sagittaire : personnalité enjouée, faisant preuve de gentillesse mais avec une tendance excessive.

Jupiter en Capricorne : grande moralité et droiture, ambition, sérieux professionnel.

Jupiter en Verseau : capacité de s'intégrer dans un groupe, visionnaire, idéaliste, vœu de se créer un réseau et de le développer.

Jupiter en Poissons : imagination développée, grande part consacrée aux émotions et la sensibilité, attrait pour le mystique.

Le mouvement de Jupiter et son impact sur nous :

La rotation de Jupiter autour du Soleil dure presque douze ans. Elle tourne sur elle-même en environ dix heures, impressionnant vu son volume et sa taille. Jupiter rétrograde environ 121 jours par an, ce phénomène entraîne une remise en question des chemins de vie empruntés. Il pousse à une réflexion poussée de son parcours d'une manière parfois philosophique, religieuse ou ésotérique. La période est idéale pour redéfinir ses objectifs et quitter une voie qui n'apporte pas satisfaction ni épanouissement.

7

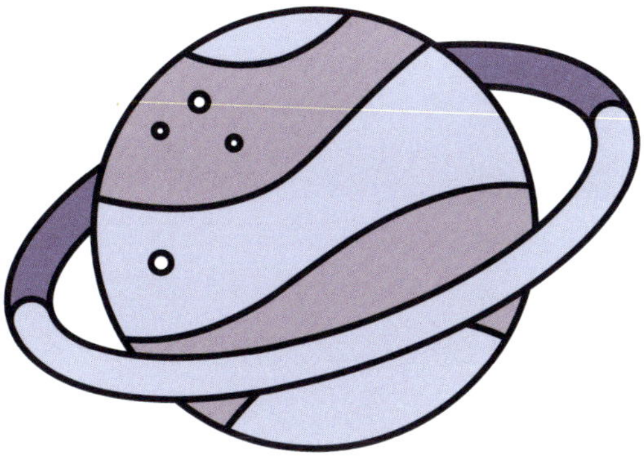

Saturne

Définition scientifique :

Saturne est la deuxième plus grande planète du système solaire après Jupiter, et la cinquième concernant son éloignement par rapport au Soleil. Planète gazeuse, elle est connue pour les anneaux qui l'entourent, constitués de roches et de cristaux de glace. Comme Jupiter, Saturne est célèbre pour ses tempêtes et ses vents qui peuvent dépasser les 1 000 kilomètres heure. Elle est la plus lointaine des planètes visibles à l'œil nu.

Définition en astrologie :

Saturne entraîne le besoin de construction, de cadre, de structuration. Ce n'est pas forcément positif mais plutôt une manière de se remettre en question. Elle englobe notre peur de l'avenir, de la vie et entraîne ainsi un arrêt pour réfléchir. Elle nous permet ensuite d'affronter ses problèmes avec logique, effort ou au contraire, peut nous faire baisser les bras.

Son symbole :

Maison associée : 10 et 11

Signe associé : Capricorne et Verseau

Élément : Terre

Ce qu'elle représente : nos peurs, nos remises en question, notre manière d'appréhender les problèmes de la vie, notre faiblesse et notre côté grave

Sa pierre : Aigue-marine

Que représente Saturne dans chaque signe ?

Saturne en Bélier : beaucoup de stress à réaliser de très grandes entreprises, peut-être un peu trop grandes. Position de leader avec une pointe d'autosuffisance poussant à s'occuper des projets des autres.

Saturne en Taureau : persévérance et patience, sérieux et discipline, attention à ne pas accorder trop d'importance aux biens matériels.

Saturne en Gémeaux : soif d'apprendre, réflexion sérieuse mais une tendance au cynisme et au pessimisme.

Saturne en Cancer : protection envers les proches et beaucoup d'inquiétude aussi, avec une certaine peur de ne pas être à la hauteur pouvant s'avérer bloquante.

Saturne en Lion : autonome et leader, pouvant paraître sans émotions. La jalousie est présente et entraîne un besoin d'être admiré pour un peu de sérénité.

Saturne en Vierge : esprit analytique, capacité à réaliser des travaux méticuleux, peur de l'ennui et une tendance hypocondriaque.

Saturne en Balance : diplomatie, tact et envie de partager en toute harmonie, recherche de sécurité à travers un partenaire, exigence élevée et rarement assouvie.

Saturne en Scorpion : discipline, perspicacité, débrouillardise. Attention à l'obstination et au ressentiment.

Saturne en Sagittaire : honneur, confiance, maturité et philosophie, un poil trop cash et sarcastique.

Saturne en Capricorne : ambition, assiduité et discipline, désir de pouvoir, le travail privilégié par rapport aux loisirs.

Saturne en Verseau : force intérieure, discipline personnelle, nature amicale, inventivité, tendance à aggraver les choses et à être un peu agressif.

Saturne en Poissons : intuition, inventivité, difficulté à fixer des limites, tendance à tout ramener au passé.

Le mouvement de Saturne et son impact sur nous :

La période de révolution de Saturne est de vingt-neuf ans tandis que sa période de rotation dure un peu plus de dix heures. Lorsque Saturne rétrograde, environ 138 jours par an, elle montre plutôt les aspects négatifs d'un signe, contrairement aux autres planètes. Elle fixe naturellement des limites, nous fait replonger dans nos angoisses, nos peurs, afin que nous nous posions les bonnes questions, son effet s'avère alors constructif. L'idéal en cette période est de rester au calme et d'effectuer un travail d'introspection.

Chiron

Définition scientifique :

Chiron n'est pas une planète à proprement parler mais un astéroïde cométaire. Chiron est constitué de glace, il ne fait que 166 kilomètres de diamètre mais est pourtant plus grand que les autres comètes connues. Chiron orbite entre Saturne et Uranus autour du Soleil. Il est qualifié de « centaure », c'est-à-dire qu'on ne lui connaît pas d'orbite stable sur plusieurs centaines de milliers d'années. La durée de sa révolution est d'environ cinquante ans.

Définition en astrologie :

Astéroïde ou comète ? Chiron a cette dualité qui lui vaut la qualification de centaure, cet être mi-homme, mi-cheval. Chiron est notre blessure, LA blessure, celle qui n'est pas guérissable et qui nous hante. Il symbolise aussi nos paradoxes, notre position entre rêve et réalité, entre humanité et bestialité. En astrologie, on évoque Chiron comme le grand guérisseur du zodiaque, il fait ressortir nos blessures tel un guide pour nous soigner.

Son symbole : ⚷

Ce qu'elle représente : la blessure profonde, la faille

Que représente Chiron dans chaque signe ?

Chiron en Bélier : excès ou manques qui freinent la confiance en soi, l'assurance et l'affirmation personnelle.

Chiron en Taureau : remise en question des valeurs, des sentiments et des liens déjà établis.

Chiron en Gémeaux : liens familiaux sensibilisés, particulièrement avec les frères et sœurs, ainsi que les relations sociales.

Chiron en Cancer : insécurité émotionnelle liée à la famille et au giron maternel.

Chiron en Lion : blocage lié au paradoxe entre un manque d'assurance et la volonté de se démarquer et de s'affirmer.

Chiron en Vierge : sentiment de ne pas être utile, d'imperfection et d'être inférieur aux autres, surtout dans le cadre professionnel.

Chiron en Balance : besoin fort d'être aimé et apprécié, doutes sur son charme et peur d'être jugé.

Chiron en Scorpion : sentiment de rejet affectif, besoin de tester les limites de son entourage et de le contrôler.

Chiron en Sagittaire : quête de vérité et besoin d'obtenir des réponses, de convaincre et de rallier l'entourage à sa cause.

Chiron en Capricorne : difficultés à assumer certaines responsabilités, rejet de l'autorité en rapport aux cadres ayant été fixés par un parent autoritaire.

Chiron en Verseau : idéalisme, arrogance et envie d'aller à contre-courant, provocation envers un système établi.

Chiron en Poissons : besoin de prendre en charge la douleur des autres pour cacher la sienne, la douleur devient objet de rédemption.

Uranus

Définition scientifique :

La « géante de glace » est la troisième plus grande planète du système solaire après Jupiter et Saturne. Elle est principalement composée d'hydrogène, de glaces et de roches, son atmosphère est glaciale, moins 200 °C en moyenne. Elle brille peu dans le ciel, son déplacement est lent. Uranus possède un système d'anneaux et de nombreux satellites naturels, on lui connaît une vingtaine de lunes.

Définition en astrologie :

Uranus est le dieu du ciel dans la mythologie romaine, *Ouranos* en grec. Il fut émasculé par son fils Saturne, d'où le conflit récurrent entre ces deux planètes. Uranus symbolise la révolte, les changements, le bouleversement des codes établis, la transgression des limites, le progrès.

Son symbole : ♅

Maison associée : 11

Signe associé : Verseau

Élément : Feu

Ce qu'elle représente : notre manière d'évoluer, de nous dépasser et de sortir de notre zone de confort

Sa pierre : Onyx

Que représente Uranus dans chaque signe ?

Uranus en Bélier : confiance en soi, vœu de se démarquer et d'affirmer sa personnalité.

Uranus en Taureau : personnalité se retrouvant confrontée à des choix importants dans son existence, des dilemmes entre liberté/aventure et confort/sécurité.

Uranus en Gémeaux : élan de créativité, puissante énergie mentale pouvant amener de l'instabilité voire de la violence.

Uranus en Cancer : changements de vie soudains, bouleversements dans les relations affectives et familiales.

Uranus en Lion : risques de rébellion et de refus de l'autorité, envie de révolution et d'aventures fortes dans tous les domaines.

Uranus en Vierge : personnalité attirant les promotions, rencontres, tout sera possible. Créativité et allègement du besoin de tout contrôler.

Uranus en Balance : changements conséquents et réguliers dans la vie sociale, nouvelles relations avec des personnes inhabituelles, davantage d'indépendance et d'anticonformisme.

Uranus en Scorpion : révolte, rébellion, changements radicaux, destruction, construction, envie de grands frissons.

Uranus en Sagittaire : émergence forte du côté indépendant, possibles bouleversements sur un coup de tête, indomptable.

Uranus en Capricorne : évènements inattendus et libérateurs pouvant casser les habitudes, remises en question bénéfiques.

Uranus en Verseau : combinaison plutôt positive, évènements imprévus bouleversant la vie, idées grandioses et utiles amenant à la liberté.

Uranus en Poissons : réussite et succès émanant d'un projet élaboré avec beaucoup d'imagination.

Le mouvement de Uranus et son impact sur nous :

Uranus rétrograde environ 152 jours par an. Uranus possède un axe de rotation très penché, plus de 90°, ce qui donne l'impression qu'elle est quasiment couchée.

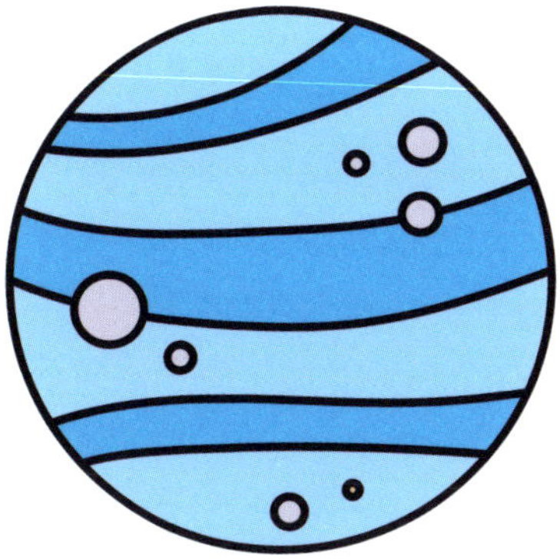

Neptune

Définition scientifique :

Neptune est la planète la plus éloignée (connue) du système solaire, elle est la huitième par rapport à son éloignement du Soleil, environ 4,5 milliards de kilomètres. Sa durée de révolution est de plus de cent soixante-quatre ans. Elle n'est pas visible à l'œil nu et sa distance par rapport à la Terre complique son étude. L'atmosphère de Neptune est composée essentiellement d'hydrogène et d'hélium, son intérieur est constitué de glaces et de roches.

Définition en astrologie :

Neptune tire son nom du dieu des mers et des océans, d'où le trident associé à son symbole. Son énergie est forte, diffuse, elle améliore notre intuition, notre perception et aiguise notre imaginaire et notre part de rêve. Elle peut amener à être confus et nous pousser à la faute, tant son influence est puissante, elle nous amène à écouter notre voix intérieure.

Son symbole :

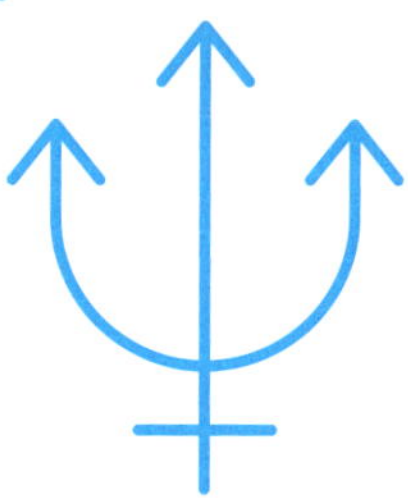

Maison associée : 12

Signe associé : Poissons

Élément : Eau

Ce qu'elle représente : notre manière de développer notre instinct, nos intuitions et notre façon d'être sensible à ce que l'on ne voit pas.

Sa pierre : Turquoise

Que représente Neptune dans chaque signe ?

Neptune en Bélier : écoute, lâcher-prise, pardon, sensibilité accrue mais période personnelle un peu floue.

Neptune en Taureau : développement du côté artistique, davantage d'indépendance et de liberté.

Neptune en Gémeaux : sens artistique décuplé, dynamisme, fin de la rêverie et mise au travail, esprit pouvant devenir instable.

Neptune en Cancer : l'utopie prend la place de l'action et du travail, gare à l'oisiveté. Les émotions sont fortes pouvant entraîner tensions et anxiété.

Neptune en Lion : ego mis de côté pour un projet plus universel et altruiste, entraînant des périodes régulières de chance.

Neptune en Vierge : bonne combinaison pour lier le sens pratique aux ressentis et se consacrer aux autres.

Neptune en Balance : dévouement, sacrifice risquant de créer une dépendance à l'autre dans le domaine affectif.

Neptune en Scorpion : sensibilité extrême, attention à ne pas se retrouver « hypnotisé » par une relation affective, ou un groupe de personnes.

Neptune en Sagittaire : questionnement existentiel, interrogations philosophiques, quête d'un idéal.

Neptune en Capricorne : grandes idées, envie de réaliser de grandes choses, ambition forte pouvant mener à la confusion.

Neptune en Verseau : puissante inspiration et grande créativité, attention aux désillusions et déceptions.

Neptune en Poissons : grande réceptivité, créativité, sens artistique accru, gare à l'instabilité psychique.

Le mouvement de Neptune et son impact sur nous :

Neptune rétrograde 159 jours par an et passe quatorze ans par signe.

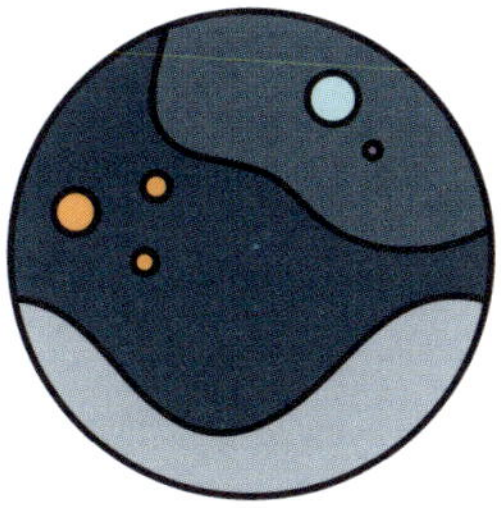

Pluton

Définition scientifique :

Pluton est une planète naine orbitant autour du Soleil duquel elle est éloignée de 6 milliards de kilomètres. Légèrement plus petite que la Lune, elle est principalement composée de roches, de glace d'eau et de glace de méthane. Pluton a été déclassée, elle est devenue planète naine car elle ne « nettoie pas le voisinage de son orbite », elle évolue en groupe comme les astéroïdes. Elle est associée à sa lune, appelée Charon, elles dansent ensemble.

Définition en astrologie :

Pluton doit son nom au dieu des enfers. Même si elle fait partie aujourd'hui des planètes naines, son influence n'est pas à remettre en question. Elle symbolise la renaissance, la transformation. Pluton détruit… pour reconstruire.

Son symbole :

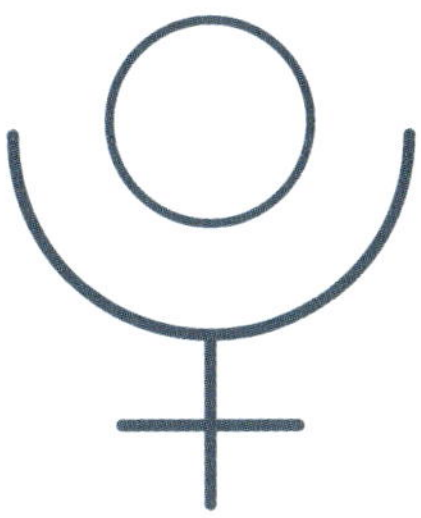

Maison associée : 8

Signe associé : Scorpion

Élément : Eau

Ce qu'elle représente : notre manière de nous régénérer et de nous transformer.

Sa pierre : Agate

Que représente Pluton dans chaque signe ?

Pluton en Bélier : tension, crise, remise en question, destruction, possibilité de tout quitter sur un coup de tête pour recommencer ailleurs, ou avec quelqu'un d'autre.

Pluton en Taureau : personnalité voulant s'assurer une sécurité matérielle et se sentant menacée par un changement, forte tendance au coup de foudre d'un point sentimental.

Pluton en Gémeaux : le calme est mis de côté, place à l'action, furieuse envie de nouveauté, attention à une certaine violence verbale.

Pluton en Cancer : transformation au sein du foyer, sensibilité accrue pouvant aller jusqu'à un sentiment d'écorché vif.

Pluton en Lion : encore plus d'ambition, encore plus de combat, un côté obsessionnel pour atteindre un objectif.

Pluton en Vierge : risque d'une sérieuse crise personnelle, changement de fonctionnement, lâcher-prise obligatoire.

Pluton en Balance : changement de personnalité, agressivité, détachement d'une relation ou au contraire fusion et dépendance envers une personne.

Pluton en Scorpion : changement violent, une petite mort pour une renaissance, le psychique sera très sollicité.

Pluton en Sagittaire : crise existentielle à prévoir, besoin de liberté, tendance aux excès et à une certaine violence.

Pluton en Capricorne : ambition démesurée avec une tendance à tout écraser sur son passage pour atteindre ses objectifs.

Pluton en Verseau : révolution possible sur le plan affectif, ruptures amicales ou amoureuses, les contraintes vous sont insupportables.

Pluton en Poissons : déstabilisation émotionnelle, les sentiments et sensations sont intenses et prennent le pas sur tout le reste.

Le mouvement de Pluton et son impact sur nous :

Pluton est une planète lente. Sa révolution autour du Soleil dure deux cent quarante-huit ans, elle passe entre douze et trente ans dans chaque signe.

Les 12 maisons astrologiques

COMMENT COMPRENDRE SON THÈME ASTRAL ?

Ça y est, nous y sommes ! Le thème astral... Le fondement de ce que nous sommes. Là, c'est à vous de travailler un peu les amis. Je n'ai pas la prétention de décoder chaque thème astral en une fraction de seconde ni de vous donner toutes les explications astrologiques... Tout simplement parce que je suis, moi aussi, toujours en plein apprentissage. C'est cela, l'astrologie : une recherche perpétuelle, apprendre chaque jour, c'est infini.

Toutefois, je peux vous donner certaines clés qui vous permettront de lire votre thème, de le comprendre ; vous verrez, c'est extrêmement enrichissant. Avant toute chose, vous devez impérativement connaître votre date de naissance (jusque-là rien de compliqué), votre ville de naissance et surtout, votre heure de naissance (elle apparaît sur votre carnet de santé). Lorsque ces éléments sont en votre possession, n'hésitez pas à tenter de le calculer vous-mêmes ou vous rapprocher d'un professionnel. À partir de là, vous observerez une sorte de roue avec des signes qui vous paraîtront compliqués, ne vous inquiétez pas, je vais vous aider à les décrypter !

Tout d'abord, voilà à quoi ressemblera cette fameuse roue :

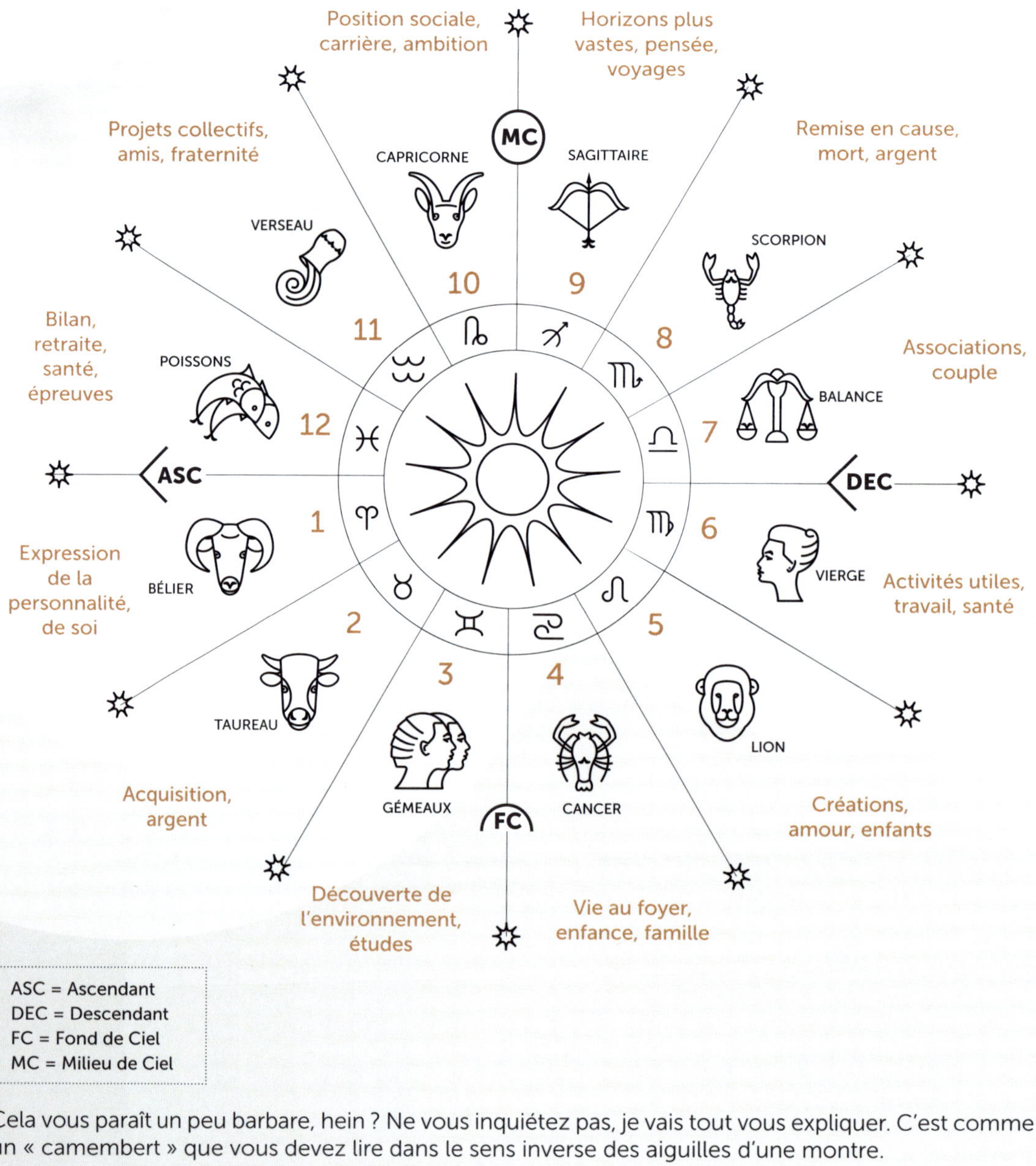

Cela vous paraît un peu barbare, hein ? Ne vous inquiétez pas, je vais tout vous expliquer. C'est comme un « camembert » que vous devez lire dans le sens inverse des aiguilles d'une montre.

Afin que vous compreniez bien, regardez bien les deux tableaux ci-dessous qui vous rappelleront les symboles des signes astrologiques et des planètes que nous avons évoqués précédemment.

Au sein du thème astral, les maisons représentent chaque domaine de la vie : le quotidien, les objectifs, les racines, bref, toutes les briques qui peuvent constituer une existence. Elles composent le thème astral, sorte d'ADN psychique de chaque individu, en étant associées au signe astrologique concerné et aux planètes en signe.

Pour être très clair, la maison est le lieu, les planètes sont l'action et les signes sont le « comment ». Laissez-moi, à présent, vous expliquer la signification des maisons et la façon dont les signes interviennent avec elles.

Vous trouverez ci-dessous la signification de chaque signe dans chaque maison.

PRÉCISION IMPORTANTE

LA MAISON 1 EST DONC VOTRE ASCENDANT. SI VOTRE SIGNE ASTROLOGIQUE SE TROUVE JUSTEMENT DANS CETTE MAISON 1, IL N'Y A PAS D'ANOMALIE ET C'EST TOUT À FAIT NORMAL ET POSSIBLE : CELA VEUT TOUT SIMPLEMENT DIRE QUE VOTRE SIGNE ASTROLOGIQUE EST ÉGALEMENT VOTRE ASCENDANT. BREF, VOUS ÊTES UN VRAI DE VRAI !

Maison 1 ou l'ascendant

« Comment nous pensons »

Maison 1 liée au signe du Bélier

Mots-clés : moi, personnalité, esprit, expression de soi, caractère

- **Bélier en maison 1 :**
entreprenant, repousse ses limites, vif, impulsif, envie de bouger, coups de tête, énergie, réussite professionnelle.

- **Taureau en maison 1 :**
détermination et bon sens renforcé, colérique mais terre à terre, possessif.

- **Gémeaux en maison 1 :**
envie de nombreuses aventures et expériences, n'aime pas la routine, capacité d'adaptation, bonne communication, influençable, dispersé.

- **Cancer en maison 1 :**
importance de la famille et des amis, imaginatif et sensible, nature méfiante, nostalgique.

- **Lion en maison 1 :**
côté déterminé, impulsif, ambitieux et pétillant, l'énergie et la démesure vous permettent d'atteindre vos objectifs.

- **Vierge en maison 1 :**
inventif et organisé, sens critique aiguisé, goût prononcé pour l'ordre et le contrôle.

- **Balance en maison 1 :**
esprit vif, sens de l'honneur et de la justice, gentillesse, manque d'assurance.

- **Scorpion en maison 1 :**
déterminé, réservé et mystérieux, pas de mi-mesure, caractère affirmé, idéaliste.

- **Sagittaire en maison 1 :**
spontané, chaleureux, besoin de liberté, soif d'apprendre, joie de vivre, sincère.

- **Capricorne en maison 1 :**
spontanéité, perspicacité, lucidité, persévérance, côté rancunier.

- **Verseau en maison 1 :**
bienveillance, optimisme, créativité, indépendance, anticonformisme.

- **Poissons en maison 1 :**
sensibilité accrue, hyperémotivité, difficultés à gérer le quotidien, humanisme et générosité.

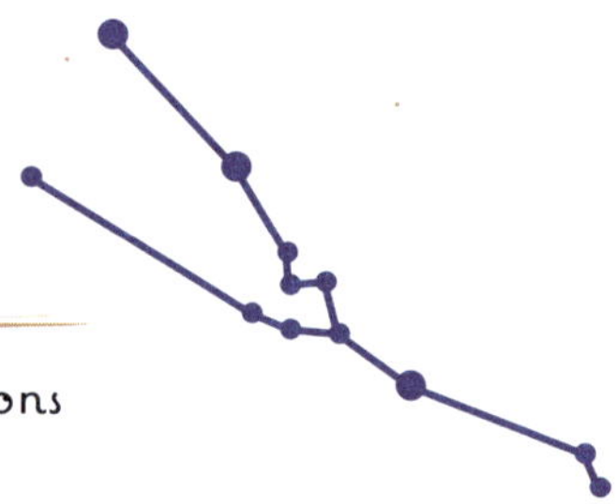

Maison 2

Domaine : les possessions

Maison 2 liée au signe du Taureau

Mots-clés : matériel, valeurs, dépenses, profits, capital, acquisitions

● Bélier en maison 2 :

argent et profits issus des activités professionnelles, se renouvelle pour gagner plus, le goût du risque peut vous pousser à dépenser cet argent aussi vite que vous le gagnez.

● Taureau en maison 2 :

sens des affaires dans le but de se garantir une sécurité financière, anticipation et persévérance dans la construction d'un patrimoine, les possessions matérielles sont essentielles pour vous.

● Gémeaux en maison 2 :

vos prédispositions intellectuelles seront à l'origine de vos ressources, faculté d'adaptation à tous les métiers pouvant rapporter de l'argent. Journalisme, commerce ou métiers de déplacement (chauffeur, livreur) vous seraient rentables. Situation financière toutefois instable et fluctuante.

● Cancer en maison 2 :

les ressources proviennent principalement du cadre familial ou de métiers engageant de l'affectif au sein de l'équipe. L'artisanat, le commerce ou la petite enfance seraient de bonnes sources de revenus pour vous.

● Lion en maison 2 :

affirmation personnelle et détermination pouvant rapporter beaucoup d'argent et satisfaire un besoin de luxe, attention à assurer une sécurité financière plutôt que de privilégier le paraître. Bien gérer une équipe peut s'avérer très rentable pour vous.

● Vierge en maison 2 :

prudence dans la gestion des affaires, esprit économe et pointilleux, peu de folies. Les revenus principaux viendront de métiers incluant l'analyse, le calcul et la rigueur.

● Balance en maison 2 :

les métiers qui respecteront vos valeurs et votre besoin d'harmonie constitueront une bonne source de revenus. Le travail d'équipe vous motive à aller plus loin.

● Scorpion en maison 2 :

capacité de flairer le meilleur endroit, le meilleur moyen ou le meilleur moment pour gagner de l'argent. Vous saurez transformer une situation financière instable en source de gains.

● Sagittaire en maison 2 :

finances fluctuantes mais pas de gros problèmes, vous savez toujours rebondir. Votre générosité pourrait être synonyme de pertes mais vous trouverez toujours une solution.

● Capricorne en maison 2 :

prévoyance et endurance pour construire un patrimoine et accumuler des gains, vue sur le long terme, sens des responsabilités, l'investissement vous convient.

● Verseau en maison 2 :

bonne gestion des finances en général mais avec des pertes de contrôle, les ressources peuvent venir de projets ou de collectifs, ou être complètement avant-gardistes. Vous saurez accrocher les opportunités intéressantes.

● Poissons en maison 2 :

gestion des ressources pas très sérieuse puisque ce n'est pas votre priorité mais du flair pour les bons plans. Attention au gaspillage ou à l'argent jeté par les fenêtres !

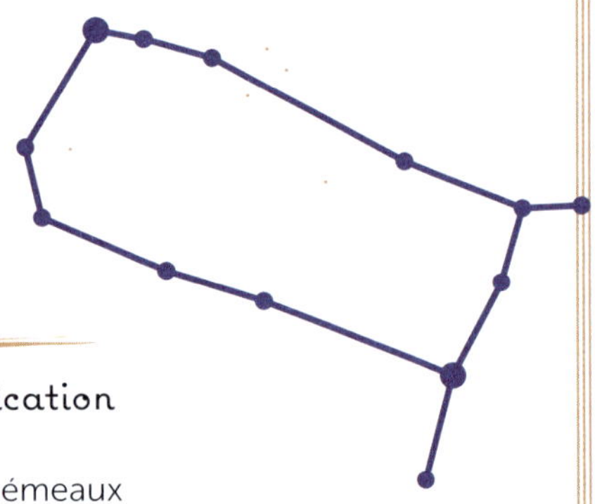

Maison 3

Domaine : la communication

Maison 3 liée au signe du Gémeaux

Mots-clés : sociabilité, adaptation, les autres, relationnel

● **Bélier en maison 3 :**
communication fluide et spontanée, optimisme, décisions prises sur des coups de tête.

● **Taureau en maison 3 :**
les discussions sont posées et réfléchies. Les échanges sont rassurants pour l'entourage, assimilation plutôt lente des informations mais grande mémoire ensuite.

● **Gémeaux en maison 3 :**
don indéniable pour la communication, les échanges et les négociations. Éloquence, vivacité d'esprit, fluidité et humour.

● **Cancer en maison 3 :**
douceur et gentillesse, la communication familiale est privilégiée. Les émotions peuvent prendre le pas sur les échanges rendant le message moins clair.

● **Lion en maison 3 :**
échanges brillants, communication positive, attention toutefois à ce besoin d'être au centre des discussions, voire de les animer en solo.

● **Vierge en maison 3 :**
communication timide due à une certaine méfiance. Besoin d'échanges clairs, difficultés à se livrer. Qualité d'observation et d'analyse par la suite.

● **Balance en maison 3 :**
échanges basés sur l'écoute, l'affection et le respect. Sens de la médiation et aisance à tisser des liens avec de nouvelles personnes, communication facile.

● **Scorpion en maison 3 :**
les échanges sont intuitifs, passionnés, émotifs. La communication peut s'avérer piquante et stratégique.

● **Sagittaire en maison 3 :**
l'échange est essentiel, chaleureux et optimiste. Le discours est enjoué mais parfois maladroit, avec un souhait d'imposer ses idées.

● **Capricorne en maison 3 :**
retenue dans l'expression, choix drastique de l'entourage, s'adresse à des personnes fidèles et intimes, la communication doit être utile, pas de blablas futiles, s'expose peu.

● **Verseau en maison 3 :**
dynamique, amical, aisance pour parler en public, intelligence et capacités intellectuelles mises à l'honneur dans la communication. Attention au discours un peu brusque et entêté.

● **Poissons en maison 3 :**
un peu rêveur, beaucoup d'empathie et d'intuition dans les échanges. Difficulté à hiérarchiser les priorités et fixer son opinion.

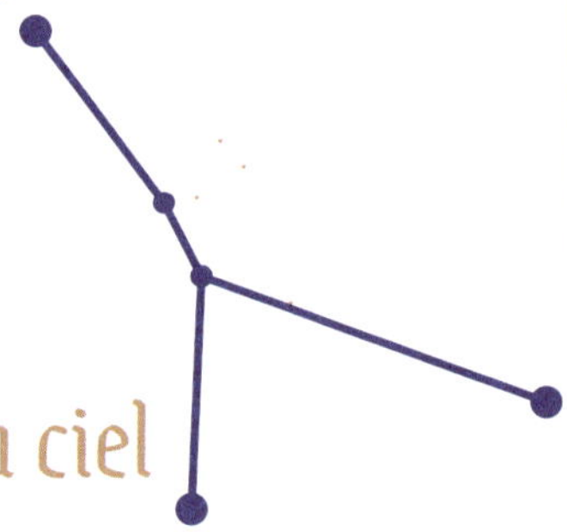

Maison 4 ou fond du ciel

« Mes racines, mon jardin secret, mon foyer, mon moi intérieur »

Maison 4 liée au signe du Cancer

Mots-clés : fondement, intimité, hérédité, enfance

- **Bélier en maison 4 :**
optimisme, énergie au sein du foyer, tendance à l'égocentrisme. Pressé, souvent débordé, il peut négliger beaucoup de choses chez lui, vie privée mouvementée, ruptures ou départs soudains.

- **Taureau en maison 4 :**
persévérance et réconfort, s'occupe bien de son foyer, hôte agréable, peut se montrer têtu et rancunier en cas de conflit domestique.

- **Gémeaux en maison 4 :**
esprit pratique assurant un bon entretien du foyer, nombreuses visites, rythme soutenu, vie privée tourmentée.

- **Cancer en maison 4 :**
aime construire un cocon abrité des regards, goût pour la décoration créative et sécurisante, privilégie l'intimité, sautes d'humeur difficiles à comprendre.

- **Lion en maison 4 :**
vœu de reconnaissance au sein de son foyer, besoin d'être admiré et de briller, veut tenir le rôle de chef de famille.

- **Vierge en maison 4 :**
organise avec soin son foyer, prend soin des autres notamment en possédant une pharmacie complète et en servant une alimentation saine, un peu étouffant parfois.

- **Balance en maison 4 :**
grande sociabilité et vœu d'harmonie au sein du foyer, besoin d'une ambiance paisible, personnalisation de la décoration intérieure avec des objets hors du commun.

- **Scorpion en maison 4 :**
dynamisme et grands projets au sein du foyer, création d'un cocon, protection de l'intimité et de certains secrets, voire des tabous liés à la famille ou à l'enfance.

- **Sagittaire en maison 4 :**
générosité, foyer chaleureux et bienveillant mais avec un grand respect des règles, des traditions et des valeurs patriarcales, influence de l'éducation reçue pendant l'enfance.

- **Capricorne en maison 4 :**
besoin de se sentir en sécurité au sein du foyer, règles à respecter, ambiance sérieuse, difficulté à montrer des signes d'affection peut-être à cause d'un manque dans l'enfance.

- **Verseau en maison 4 :**
foyer animé, convivial, envie de faire la fête et de recevoir, routine peu appréciée, il faut que cela bouge, ouverture d'esprit, besoin de rire et de liberté.

- **Poissons en maison 4 :**
grande sensibilité et écoute au sein du foyer, sens du sacrifice, attention à ne pas être trop influençable par amour et à se retrouver happé par trop de sentiments.

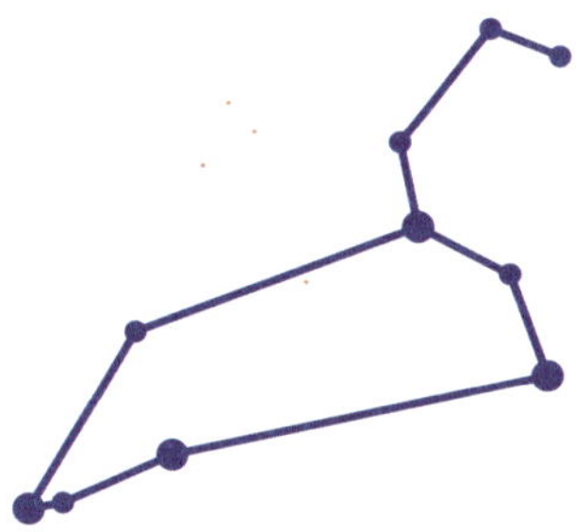

Maison 5

Domaine : les créations, les plaisirs

Maison 5 liée au signe du Lion

Mots-clés : sentiments, projets personnels, envies, loisirs, rayonnement

- **Bélier en maison 5 :**
besoin de briller, d'entreprendre, les sports de combats vous conviennent. Amours enflammées mais plutôt passagères car pas assez adultes.

- **Taureau en maison 5 :**
sérénité amoureuse et stabilité, grande sensualité. Fidélité et jalousie. Attrait important pour les bons repas, la nourriture en général, gourmandise.

- **Gémeaux en maison 5 :**
tendance à papillonner en amour due au besoin de liberté. Séduction et romantisme tant que cela reste un jeu. Les loisirs sont intellectuels comme la lecture, l'écriture...

- **Cancer en maison 5 :**
sensibilité, romantisme, protection, vœu de trouver un partenaire pour fonder un foyer, intime, au calme, à l'abri des regards.

- **Lion en maison 5 :**
attrait pour tout ce qui est beauté ou esthétisme, même dans le divertissement et les loisirs. Grand amour pour les enfants. Recherche de l'idéal et du rayonnement.

- **Vierge en maison 5 :**
attrait pour la nature, le jardinage, les activités discrètes qui ne nécessitent pas de se dévoiler. Amour pour les enfants mais sans démonstration et parfois peu de chaleur. Critique envers les gens aimés.

- **Balance en maison 5 :**
créativité, goût pour la décoration et le raffinement. Tendance à vite tomber amoureux et à se détacher tout aussi vite. Attrait pour une riche vie sociale.

- **Scorpion en maison 5 :**
la passion vous anime dans tous les domaines, sexualité primordiale. Tendance à être possessif avec les enfants.

- **Sagittaire en maison 5 :**
besoin d'indépendance et, paradoxalement, besoin d'être entouré sans être étouffé. Goût pour les sports collectifs. Tendance aux excès.

- **Capricorne en maison 5 :**
exigence et prudence en amour, fidélité, ne livre pas ses émotions ou sentiments à moins d'être en grande confiance... et encore. Goût pour les loisirs ayant un lien avec le passé comme les brocantes, les jeux d'histoire ou les rénovations.

- **Verseau en maison 5 :**
besoin d'espace et de renouveau, les relations amoureuses et amicales sont primordiales et souvent intellectualisées. Amours et amitiés sont souvent liées. Attrait pour les loisirs atypiques et sports collectifs.

- **Poissons en maison 5 :**
besoin d'amour pour vivre et exister à travers lui. Vœu d'avoir des enfants dès le plus jeune âge, la progéniture risque de manquer de règles et d'encadrement. Très grand cœur, loisirs souvent liés à l'associatif et l'humanitaire.

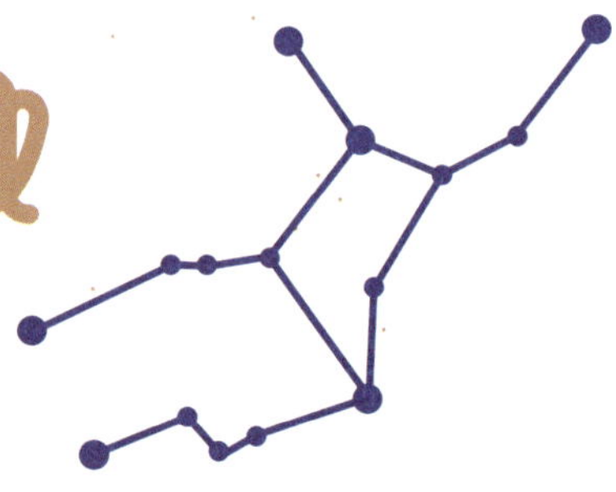

Maison 6

Domaine : le travail, le monde social, la vie quotidienne

Maison 6 liée au signe de la Vierge

Mots-clés : analyse, devoirs, obligations, méthode

● **Bélier en maison 6 :**
énergie mal canalisée et maladresse pouvant amener à beaucoup de stress, de nervosité et à d'éventuels accidents dans le travail. Dynamisme et impulsivité, risque de migraines.

● **Taureau en maison 6 :**
calme et sérénité au quotidien. La santé est robuste, constante. La quiétude permettra une bonne gestion des gains.

● **Gémeaux en maison 6 :**
vie quotidienne mouvementée agitée, besoin de multiplier les activités. Ce quotidien dispersé peut entraîner nervosité et fatigue physique.

● **Cancer en maison 6 :**
activités tournant principalement autour de la famille et des enfants. Chaleur et bienveillance dans les rapports aux autres, relation maternelle avec les collègues. Sensibilité au niveau du cœur et du ventre.

● **Lion en maison 6 :**
volonté, détermination et exercice du pouvoir au quotidien dans les activités familiales et professionnelles. Gare à l'excès de confiance pouvant entraîner des problèmes de dos ou une fatigue cardiaque malgré une santé robuste.

● **Vierge en maison 6 :**
sens de l'ordre, de l'organisation et de la précision dans les activités familiales et professionnelles. Grand soin accordé aux autres, pas assez pour soi-même.

● **Balance en maison 6 :**
qualités relationnelles et diplomatie mises en valeur dans le travail. La routine peut lasser. Attention à préserver les reins en buvant beaucoup d'eau.

● **Scorpion en maison 6 :**
besoin de mouvements et d'activités au quotidien sinon possibilité de créer des conflits juste pour éviter l'ennui. Beaucoup d'énergie et une résistance du point de vue de la santé. Attention aux organes reproducteurs pouvant être mis à mal.

● **Sagittaire en maison 6 :**
vœu de préserver l'indépendance et grand besoin d'action. Aversion pour la routine. Envie de passion, de fêtes et de mouvements. Attention aux excès, particulièrement au niveau du foie.

● **Capricorne en maison 6 :**
goût pour les travaux manuels demandant de la persévérance. Aime travailler seul, loin de l'agitation. Bon capital santé mais possibles douleurs articulaires ou rhumatismes.

● **Verseau en maison 6 :**
impatience, les idées fusent et doivent être réalisées tout de suite, grande ingéniosité mais paradoxes dans les discours. Nerfs parfois mis à rude épreuve.

● **Poissons en maison 6 :**
le quotidien se vit en fonction des humeurs et des émotions, un côté influençable et indécis. Difficultés face aux corvées et au rangement. Grande inspiration mais craintes difficiles à gérer.

Maison 7 ou le descendant

« Notre relation avec les autres »

Domaine : les autres et ma relation à eux (en opposition au « moi »)

Maison 7 liée au signe de la Balance

Mots-clés : union, vie sociale, mariage, équipe, ruptures, disputes

- **Bélier en maison 7 :**
recherche d'un partenaire volontaire, dynamique, sachant prendre des décisions et acceptant d'être dirigé. Mariages rapides, coups de foudre fréquents.
- **Taureau en maison 7 :**
angoisses et tendance à imaginer le pire, le partenaire se doit d'être rassurant et apaisant. Fidélité et sécurité sont essentielles dans les relations amicales et amoureuses. Le mariage peut être un avantage aux finances.
- **Gémeaux en maison 7 :**
besoin de dialogue et d'intelligence dans les relations. Goût pour les relations légères dans lesquelles il n'y a pas à rendre des comptes. Romantique en cas d'amour sincère.
- **Cancer en maison 7 :**
besoin de douceur, de gentillesse, d'écoute et d'avoir un appui solide. Envie rapide de fonder un foyer.
- **Lion en maison 7 :**
besoin d'être admiré et de rayonner dans les yeux de l'autre. Envie de relations qui puissent représenter des challenges ou avec des personnes qui puissent tenir tête. Tendance à faire les choses en grand pour épater l'autre.
- **Vierge en maison 7 :**
méfiance, réserve et difficultés à nouer des liens. Sensibilité mais exigence, besoin d'une relation stable et de se sentir en sécurité avant de devenir dévoué à l'autre.
- **Balance en maison 7 :**
besoin de créer des liens et des relations sociales en toute harmonie. Amour essentiel mais une tendance à imposer ses désirs et ses volontés dans le couple.
- **Scorpion en maison 7 :**
besoin de passion et d'émotions intenses pouvant s'avérer destructrices dans une relation. Rapports charnels importants avec un brin de possessivité.
- **Sagittaire en maison 7 :**
envie de légèreté, de liberté, recherche d'un partenaire indépendant pour mettre en place des projets. Envie de passion et d'échanges, un manque de communication peut tout gâcher.
- **Capricorne en maison 7 :**
les relations, en amour ou en amitié, sont bien choisies mais très durables. Besoin d'un partenaire solide ayant une certaine autorité et fixant un cadre.
- **Verseau en maison 7 :**
beaucoup d'enthousiasme et de sociabilité dans les relations. Difficulté à trouver l'équilibre entre amour et amitié car les rapports sont aussi forts et fraternels. Besoin d'échanges et d'évolution.
- **Poissons en maison 7 :**
écoute, sensibilité, compassion dans les relations en général et dans le couple. Attention à ne pas être trop dépendant ni trop se sacrifier pour l'autre, les désillusions pourraient ne pas être loin.

Maison 8

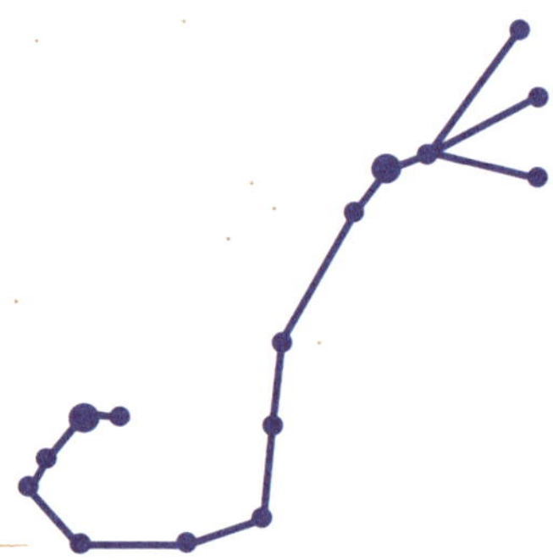

Domaine : les crises, la fin, la transformation

Maison 8 liée au signe du Scorpion

Mots-clés : régénérescence, métamorphose, sexualité, destruction

● **Bélier en maison 8 :**
entre dans l'inconnu spontanément sans réfléchir, prend les crises de manière frontale. Tendance à regretter d'avoir agi de manière précipitée. Vie sexuelle fougueuse.

● **Taureau en maison 8 :**
résistance voire panique face à l'inconnu de peur de perdre ses biens matériels. Vie sexuelle plutôt charnelle mais avec un peu de paresse.

● **Gémeaux en maison 8 :**
capacité de réagir de façon calme et pragmatique face aux crises, aucune difficulté à rebondir mais une tendance à l'obsession. Vie sexuelle animée et gaie.

● **Cancer en maison 8 :**
peur liée à la famille, crainte d'une perte ou de ne plus avoir son clan. Tendance à fuir les conflits, angoisses difficiles et longues à soigner. Sexualité tendre et câline.

● **Lion en maison 8 :**
remise en question profonde face à une crise mais cela ne dure pas, le combat reprend. Les échanges sexuels sont intenses et ardents.

● **Vierge en maison 8 :**
panique et angoisse face aux épreuves car elles sont imprévues et sortent du contrôle, de la planification. Beaucoup de tabous dans la sexualité.

● **Balance en maison 8 :**
une épreuve importante à prévoir, les sorties de crise se feront grâce à une relation. La sexualité se veut douce et délicate.

● **Scorpion en maison 8 :**
grande capacité à rebondir, notamment après des ruptures particulièrement douloureuses. La sexualité est fusionnelle, vous testerez beaucoup de choses enivrantes, voire mystiques.

● **Sagittaire en maison 8 :**
face aux crises, possibilité de perdre l'optimisme mais cela ne dure pas, capacité à rebondir pour sortir grandi des épreuves. Goût pour l'aventure dans la sexualité.

● **Capricorne en maison 8 :**
calme et sang-froid face aux épreuves, les sorties de crise se font avec logique et patience. Côté sexe, besoin de temps et de confiance pour se lâcher complètement.

● **Verseau en maison 8 :**
bonnes ressources pour sortir des crises, les épreuves vous permettent de rebondir, de vous renouveler et de changer. Sexualité originale et avant-gardiste.

● **Poissons en maison 8 :**
difficultés à gérer les crises à cause d'un débordement d'émotions. Les épreuves seront principalement issues du domaine affectif. Sexualité douce et communicative.

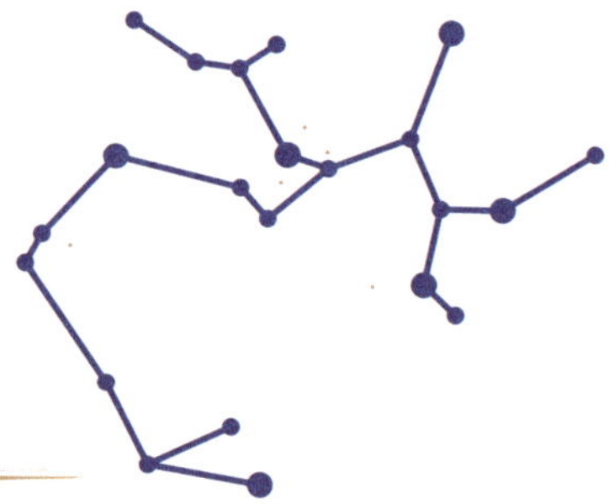

Maison 9

Domaine : philosophie, apprentissage de la vie et développement spirituel

Maison 9 liée au signe du Sagittaire

Mots-clés : réflexion, études, pensées, intellect, idéal, morale, conscience

● Bélier en maison 9 :
envie d'action et de découvrir l'inconnu, notamment par l'intermédiaire des voyages, dans le but d'atteindre un idéal. Vœu d'enrichir perpétuellement ses connaissances.

● Taureau en maison 9 :
besoin d'apprendre, de se cultiver et d'enrichir ses connaissances pour parfaire son évolution. Goût pour les voyages mais sans prise de sécurité, la sécurité est maîtresse.

● Gémeaux en maison 9 :
idéal de liberté, curiosité pour tout, difficulté à tenir en place notamment pendant les études, tendance à se disperser, esprit aventurier et soif de connaissances.

● Cancer en maison 9 :
tendance à s'évader par l'imagination plutôt que par les déplacements. L'apprentissage se fait de manière casanière et les voyages sont en famille.

● Lion en maison 9 :
grandes ambitions, veut tout savoir, tout connaître avec le souhait d'être supérieur et d'entretenir une image prestigieuse. Aucune hésitation à voyager pour trouver son idéal.

● Vierge en maison 9 :
les voyages et les études se font avec organisation et sérieux. Les ambitions peuvent être revues à la baisse en raison d'un besoin de sécurité primordial. L'idéal passe par une bonne hygiène de vie.

● Balance en maison 9 :
l'apprentissage et l'enrichissement spirituel passe par les discussions, les nouvelles rencontres. La curiosité et la recherche d'harmonie sont essentielles. Possible mariage avec une personne de culture étrangère et tendance à s'orienter vers des études de droit pour la recherche de justice.

● Scorpion en maison 9 :
l'apprentissage est passionné avec le souhaite d'en découvrir toujours plus sur la nature humaine. Goût de l'aventure et du voyage pour découvrir de nouvelles personnes, régions et cultures. Possibilité de coups de foudre spirituels.

● Sagittaire en maison 9 :
envie de rencontrer, connaître, savoir avec une grande joie de vivre, de l'optimisme. Recherche de grands idéaux pouvant faire changer le monde et la manière de penser. Belles amitiés.

● Capricorne en maison 9 :
pas d'idéal utopique. L'apprentissage et le développement spirituel se base sur du concret, des idées utiles, économiques et écologiques. Patience et persévérance dans les études.

● Verseau en maison 9 :
curiosité, fascination pour la nouveauté. Envie de partager ses idées et de faire toujours mieux, de progresser et d'inventer. Vœu d'élever toujours davantage sa conscience spirituelle.

● Poissons en maison 9 :
besoin de nourrir la rêverie et l'imagination par la culture et les voyages mais aussi par la foi, religieuse ou autre.

Maison 10 ou milieu du ciel

Domaine : accomplissement, le but, objectifs de carrière

Maison 10 liée au signe du Capricorne

Mots-clés : réaliser, destinée, vie professionnelle, responsabilités, opportunités, vocation

● Bélier en maison 10 :
aime foncer, prendre des risques et des décisions, pourrait très bien créer un nouveau métier, besoin d'action et volonté de sortir du lot. Attrait pour les métiers appelant à diriger une équipe et se dépasser (militaires, pompiers, chef d'une entreprise nouvelle, etc.).

● Taureau en maison 10 :
esprit carriériste, besoin d'un métier sécurisant et surtout rentable, capacité de négociations, aptitude forte pour les relations commerciales. Les métiers de la finance, l'immobilier ou les professions appelant à décrocher des contrats vous conviennent.

● Gémeaux en maison 10 :
rencontres, échanges, soif d'apprendre, envie de liberté, aptitude forte à la communication. Le journalisme serait idéal mais avec un besoin de se renouveler et de changer plusieurs fois de métier.

● Cancer en maison 10 :
esprit d'entraide, sens de l'accueil et des relations familiales, besoin de créer une sorte de cocon au travail, voire travailler à la maison. Les lieux d'accueil, de restauration ou d'encadrement de la petite enfance vous iraient bien.

● Lion en maison 10 :
envie de challenge, sens de l'honneur, besoin essentiel de reconnaissance dans le travail, exigence, autorité, créativité, possibilité de s'orienter vers tous les métiers, de la politique à l'art en passant par les médias ou la comédie.

● Vierge en maison 10 :
sens du devoir, de l'analyse et de la méthode, poursuite d'une ligne directrice et d'un objectif fixé depuis longtemps, l'ambition est particulièrement placée au service d'autrui, les métiers de soins seront privilégiés.

● Balance en maison 10 :
sens de l'esthétique, de l'harmonie et du partage, recherche d'équilibre, les métiers dans l'art, la décoration ou l'organisation d'évènements conviendraient tout à fait.

● Scorpion en maison 10 :
envie d'enquêter, analyser, percer des mystères, besoin de suivre l'instinct, sens de la combativité et de la justice, orientation privilégiée dans la police ou la psychologique.

● Sagittaire en maison 10 :
place importante, leadership, animé par l'envie de créer une bonne ambiance au sein du travail, volontarisme, besoin d'objectifs à atteindre et de voyager, pourquoi pas à l'étranger...

● Capricorne en maison 10 :
ambition individuelle, ténacité et détermination pour atteindre des objectifs personnels, pas d'envie de reconnaissance mais plus une recherche de la gagne, emploi à privilégier dans la haute administration ou en politique — pas à exclure !

● Verseau en maison 10 :
importante faculté d'invention, sens du collectif, organisation en équipe et réalisation de projets innovants pouvant bousculer un ordre établi, ingéniosité.

● Poissons en maison 10 :
grande ouverture au monde, possibilité de s'adapter à tous les lieux, réceptivité, sensibilité et solidarité, voie artistique ou médicale à privilégier.

Maison 11

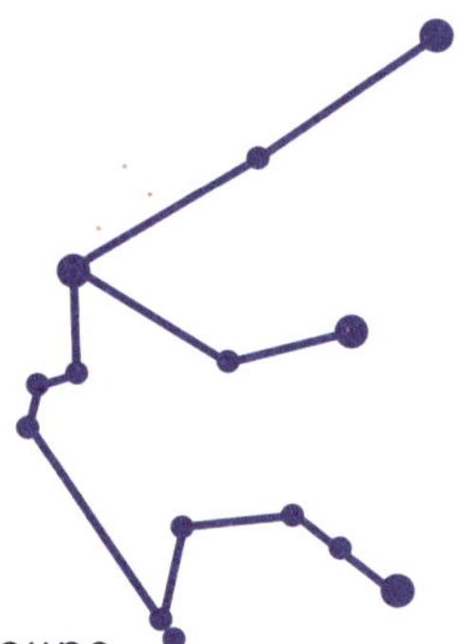

Domaine : le collectif, les ambitions de groupe

Maison liée au signe du Verseau

Mots-clés : aide, solidarité, amitié, amour, relationnel, communauté

- **Bélier en maison 11 :**
besoin d'être leader dans un groupe avec des personnes dynamiques, ambitieuses et ayant de bonnes idées. La vie sociale est primordiale du moment que vous vous sentez « tiré vers le haut ».

- **Taureau en maison 11 :**
personne rassurante, protectrice, en bref, vous êtes le pilier au cœur d'un groupe. La logique et le bon sens vous font avancer, vous n'abandonnez pas.

- **Gémeaux en maison 11 :**
besoin d'inventer, d'évoluer, d'instaurer énormément de projets. Les amitiés sont dynamiques, nombreuses et utiles pour la réalisation de vos entreprises.

- **Cancer en maison 11 :**
côté créatif et émotionnel au sein d'une équipe avec une tendance à materner les autres, l'âme sera plutôt suiveuse que leader. La famille sera toujours privilégiée.

- **Lion en maison 11 :**
forte énergie pour des projets de grande ampleur. Chef de groupe, vous savez motiver les personnes autour de vous. Grande conscience collective.

- **Vierge en maison 11 :**
peu d'amis à cause de la timidité mais ceux-ci savent qu'ils peuvent compter sur vous et sur votre rigueur. Vous êtes reconnus pour votre sens de l'organisation, de l'analyse. Gare à votre sens critique qui peut rendre votre entourage susceptible et l'inciter à s'écarter de vous.

- **Balance en maison 11 :**
sens de la médiation, cercle amical fourni, les relations sont intelligentes et débouchent sur des projets. Vos capacités se révèlent en équipe, en collaboration.

- **Scorpion en maison 11 :**
les projets en équipes doivent être passionnés et passionnants tout comme les relations amicales. Attention à ne pas tout faire exploser en raison de cette trop grande passion !

- **Sagittaire en maison 11 :**
solidarité, entraide, élaboration de projets, l'action en équipe est faite pour vous. Les échanges sont dynamiques et utiles aux autres. L'optimisme et l'énergie positive sont vos créneaux.

- **Capricorne en maison 11 :**
cercle amical restreint, bien choisi et fidèle, surtout pas superficiel. Vous brillerez par votre sérieux et votre sens des responsabilités. Les projets sont réalisables et réfléchis, pas imaginaires.

- **Verseau en maison 11 :**
vie sociale riche, les amitiés sont primordiales, excellente capacité à s'adapter à un groupe sans s'imposer mais en partageant ses idées novatrices avec enthousiasme. Beaucoup d'idées, de projets parfois utopiques car envie de tout tenter.

- **Poissons en maison 11 :**
le travail collectif permet de fixer un cadre et de ne pas se laisser uniquement guider par les émotions. Projets utopiques.

Maison 12

Domaine : la crise psychologique, la remise en question, l'introspection

Maison 12 liée au signe du Poissons

Mots-clés : épreuves, secret, inconscient, karma

- **Bélier en maison 12 :**
épreuves soudaines, découragement possible, acharnement mais l'esprit combatif permet de se reprendre en main. L'impatience est le point faible et peut nuire grandement.

- **Taureau en maison 12 :**
mise en retrait et besoin de se ressourcer face à aux épreuves difficiles. Travail d'introspection, patience et calme pour franchir les obstacles.

- **Gémeaux en maison 12 :**
capacité de donner un sens même aux épreuves les plus difficiles. Une forme d'insouciance et l'humour aident à rebondir et passer la crise.

- **Cancer en maison 12 :**
difficulté à retrouver espoir et optimisme en raison d'un trop-plein d'angoisses et d'émotions. Le repli sur soi, sans la famille pour une fois, est essentiel pour rebondir.

- **Lion en maison 12 :**
les obstacles seront surpassés avec détermination et rage parfois. Ce combat perpétuel peut vous épuiser, il faudrait se poser de temps et temps et prendre la vie comme elle vient.

- **Vierge en maison 12 :**
besoin de la nature pour se ressourcer face aux épreuves. Le sens de l'organisation et de l'analyse vous aide à avancer mais une thérapie ou un intérêt pour la psychologie et parapsychologie pourraient vous aider à vous comprendre davantage.

- **Balance en maison 12 :**
dégoût pour les contraintes et les obligations, le malaise est grand si vous vous sentez empêchés de faire quelque chose. Dans ce cas, vous privilégiez la fuite.

- **Scorpion en maison 12 :**
intuition et détermination face aux épreuves. Les difficultés peuvent être vécues comme une petite mort pour mieux renaître. Capacité certaine à rebondir.

- **Sagittaire en maison 12 :**
tendance à compter sur l'optimisme pour surmonter les épreuves, les contourner ou s'en servir. Faculté de passer les pires épreuves grâce à un état d'esprit positif.

- **Capricorne en maison 12 :**
prise de recul face aux épreuves afin de se concentrer sur les choses essentielles. Grande force mentale, les crises font grandir.

- **Verseau en maison 12 :**
impatience face aux épreuves plutôt vécues comme des « révolutions ». Besoin de tout changer face à une crise, de balayer le passé pour se concentrer sur l'avenir avec le sourire.

- **Poissons en maison 12 :**
aider les autres pour s'aider soi à passer les épreuves. Empathie, vœu de se ressourcer pour mieux accepter les difficultés, même si quelque chose est dur à supporter, il y aura toujours une solution issue de l'amour et de l'entraide.

Informations essentielles pour une meilleure compréhension de votre thème astral

Évidemment, il ne vous a pas echappé que les planètes occupent aussi les maisons (c'est un peu le principe...). En ce sens, je vous invite à vous référer au chapitre précédent sur les planètes pour comprendre leurs actions dans vos maisons, cela vous permettra d'approfondir l'analyse de votre thème astral, comme un vrai pro !

Vous remarquez dans votre thème astral que vous avez une maison vide ? Qu'aucune planète ne l'occupe ? Cela vous interpelle ou vous pensez que cela ne veut rien dire ? Détrompez-vous ! Cela n'a rien de négatif, cela signifie tout simplement qu'il n'y a rien à analyser à cet endroit, cette maison n'a pas d'activité ou d'impact particuliers chez vous. Par exemple, si votre maison des carrières est vide, cela ne signifie pas que vous ne ferez jamais une belle carrière professionnelle ! Donc pas d'inquiétude !

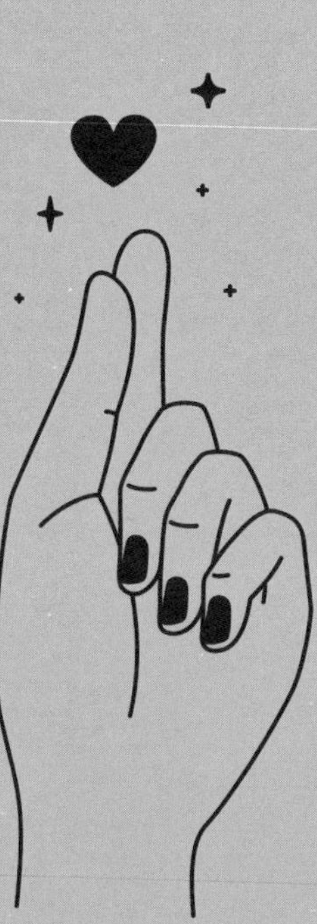

Les compatibilités amoureuses entre signes astrologiques

BÉLIER

Profil amoureux :

C'est un vrai signe de feu et le Bélier est connu pour enchaîner les relations ! Il y a une raison à cela, il est certainement le signe le moins patient, par conséquent, dès que quelque chose ne lui plaît pas (ou plus), il part et construit autre chose. Il ne laisse pas une deuxième chance d'être séduit par ses partenaires. Généralement, avec lui, cela va très vite. En revanche, lorsqu'il est en couple, il est un amant fidèle et très fougueux. Il est passionné, aime donner, il est franc mais il manque aussi un peu de tact, pour ne pas dire qu'il a tendance à être vraiment maladroit. Autre souci, il aime dominer et est égocentrique malgré toute sa générosité. Il aime que tout soit tourné vers lui, même lors de disputes ou petites embrouilles, il ramène tout à lui. Il a besoin d'énormément d'attention et veut toujours avoir raison (d'ailleurs il est persuadé d'avoir toujours raison) et surtout, il est boudeur ! Je peux affirmer que bouder est vraiment le sport favori du Bélier lorsqu'il est en couple !

Compatibilités amoureuses :

Il s'entend parfaitement avec les autres Bélier et signes de feu comme le Lion et le Sagittaire puisqu'il retrouve en eux la passion, le franc parler, l'honnêteté et l'extravagance qu'il a en lui. **Les signes avec lesquels il ne matche pas du tout sont les signes d'eau :** Poissons, Cancer, Scorpion qui sont, selon lui, trop sages voire trop plats (c'est son avis), ancrés dans la routine avec un grand besoin d'amour. Le déséquilibre est conséquent dans ce genre de relations, mieux vaut donc ne pas tenter le diable.

TAUREAU

Profil amoureux :

Il est l'un des signes les plus loyaux et fidèles et il attend la même chose en retour, d'ailleurs il attend beaucoup de l'autre, tout simplement. Il donne tout mais son côté casanier domine, il n'aime pas sortir pour sortir, dépenser de l'argent pour rien. Il est bien dans son propre confort, ce qui m'amène à dire qu'il est un signe parfait pour fonder une famille. Il a besoin de sécurité et de stabilité de la part de son partenaire sinon il n'est absolument pas rassuré. Il passe pour un signe insensible dans le sens où il a du mal à se dévoiler. Pour évoquer ses sentiments, il doit se sentir en grande confiance... et encore !
Sachez qu'il s'agit du signe ayant la plus grande mémoire donc si vous vous mettez en couple avec un Taureau et que vous faites une petite erreur, il pourra la remettre sur le tapis dix ans plus tard !

Compatibilités amoureuses :

Le Taureau s'entend à merveille avec les signes d'eau : Poissons, Cancer, Scorpion. Il détecte en eux beaucoup de compréhension. Ce sont également des signes qui se donnent énormément, ils ont ainsi la capacité de donner au Taureau la confiance dont il manque dans une relation et surtout, ils lui offrent beaucoup d'amour. Toutefois, **le Taureau ne s'entend pas du tout avec les signes d'air :** Verseau, Gémeaux et Balance qui ont trop besoin de liberté et qui ne montrent pas beaucoup leurs sentiments. Le Taureau n'est alors pas rassuré et peut s'avérer jaloux, cela ne coïncide pas avec ces signes d'air qui détestent se sentir étouffés ou enfermés.

GÉMEAUX

Profil amoureux :

C'est un signe avec une grande éloquence, il adore parler, il a beaucoup d'amis et n'est malheureusement pas connu pour sa fidélité. À travers son partenaire, il recherche de la complexité et de la compréhension car il est très complexe... à comprendre justement, puisqu'il a, comme son signe le représente, deux faces. Il a besoin de quelqu'un qui accepte et assimile son environnement, sa façon d'aborder les choses et sa manière de voir le monde. Il ne peut être compatible qu'avec une personne comprenant qu'il a besoin d'être libre. C'est un signe qui déteste la routine et s'il s'ennuie, il a tendance à chercher la petite bête ou les problèmes pour rien, si ce n'est pour se stimuler psychologiquement et casser les habitudes qu'il exècre.

Compatibilités amoureuses :

Le Gémeaux s'entend extrêmement bien avec les signes de feu (Lion, Sagittaire, Bélier) connus pour leur passion, leur énergie et leur liberté. Étant donné que le Gémeaux adore parler et mettre en avant ses aventures, il est parfait pour les signes de feu qui vont l'écouter et le suivre. Ensemble, ils se donneront l'espace dont ils ont besoin et s'apporteront l'action, la découverte et l'expression, ils seront en effet très bavards en couple.
En revanche, **le Gémeaux ne s'entend pas du tout avec les signes de terre :** Taureau, Capricorne et Vierge, trop sérieux, stables et ayant besoin d'une routine et d'un pilier fort dans une relation. Bref, tout ce qu'un Gémeaux ne veut pas !

CANCER

Profil amoureux :

Dans leurs relations, les Cancer sont d'une tendresse absolue. Ils aiment prendre soin de leur partenaire, ils sont très loyaux, fidèles, sensibles. Attention, il est difficile de gagner la confiance d'un Cancer puisqu'il se protège sous une énorme carapace, il a souvent besoin d'être rassuré. Un bémol avec le Cancer, il est très susceptible et peut se sentir profondément vexé pour un oui ou pour un non, dans ce cas, il se referme comme une huître et bon courage pour l'ouvrir à nouveau ! Il devra trouver un signe ayant énormément de tact et sachant user de diplomatie. N'oublions pas que le Cancer est un signe régi par la Lune, leurs émotions et leur comportement alternent en fonction des lunes, il peut même se retrouver complètement chamboulé, en cas de Super Lune par exemple.

Le Cancer s'entend très bien avec les signes de Terre : Taureau, Vierge et Capricorne qui réfléchissent beaucoup, par conséquent, ils ont du tact et font très attention à ce qu'ils disent. Ce sont des signes forts mais aussi très tendres au fond, ils ont cette faculté à rassurer leur partenaire, c'est idéal pour un Cancer.

Compatibilités amoureuses :

Le Cancer a un manque de compatibilité évident avec les signes d'air qui ont soif de liberté : Gémeaux, Balance et Verseau. Ces signes sont un poil égocentriques, ils se cherchent, tentent de se comprendre eux-mêmes, ont besoin de faire leurs expériences seuls et de réfléchir pour eux, et par eux-mêmes. Le signe d'air risque de se sentir étouffé par un trop-plein d'affection et surtout, il va créer un sentiment d'insécurité chez le Cancer.

LION

Profil amoureux :

Ce sont des amants passionnés, charnels, séducteurs. Le Lion a besoin d'être la star de la relation, d'être admiré par son partenaire et de se sentir utile pour l'autre. Il aime aider son partenaire, le tirer vers le haut. Il est loyal, donne beaucoup, malgré cela, il a beaucoup d'insécurité et étonnamment, un manque de confiance en lui, il doit donc être rassuré. Le Lion est fidèle et déteste l'échec : il va se battre pour son couple. **Dans une relation, il est joyeux, joueur, taquin,** pour autant, il a du mal à se livrer et se dévoile de manière très lente. Attention à ne pas décevoir ou trahir un Lion, il tirera un trait sur la relation. Il pourra essayer de pardonner mais n'y parviendra pas, cela lui est impossible.

Compatibilités amoureuses :

Le Lion s'entend très bien avec les signes de feu : Bélier, Lion, Sagittaire qui partagent sa façon de voir le monde en grand, de façon extraordinaire. Ils ont en commun l'énergie, l'envie de faire des projets, le Lion sera en effet particulièrement stimulé avec un signe de feu **qui aime conquérir**. Il trouvera en ces signes une énergie intellectuelle, sensuelle mais aussi sexuelle. En revanche, il y a toutes les chances pour que cela ne fonctionne pas entre un Lion et les signes d'eau : Poissons, Cancer, Scorpion. Il risque de s'ennuyer et de se sentir oppressé par trop de sécurité, un Lion aime vivre dans le risque.

VIERGE

Profil amoureux :

Les Vierge paraissent froids en apparence alors qu'il s'agit d'un signe au fond très sensuel et charnel. Discret et pudique, ce signe peut s'avérer tout l'inverse dans son couple. Il est fidèle et adore rendre service, ce qui peut devenir un défaut quand il materne trop son partenaire. Les Vierge ont du mal à se mettre en couple car ils ont des idéaux et sont constamment en **recherche de la perfection**... même si cela n'existe pas. Dans une relation, ils acceptent difficilement les défauts de leur partenaire et ont tendance à essayer de le changer pour qu'il devienne la représentation parfaite de l'image qu'ils ont en tête. Si je pouvais leur donner un conseil, ce serait d'accepter l'autre comme il est et de le laisser vivre. Ce signe a également beaucoup de mal à dévoiler ses sentiments, il y va petit à petit.

Compatibilités amoureuses :

Les Vierge s'entendent bien avec les signes de terre : Taureau, Vierge, Capricorne qui sont « terre à terre » justement. Ces signes aiment la stabilité et ont la même vision du foyer, ils arrivent donc à se projeter ensemble dans un futur lointain.
Les Vierge ont du mal à accepter les esprits libres, voire les électrons libres que sont les signes d'air : Gémeaux, Balance, Verseau. Ils sont peu rassurants, les Vierges auront donc encore plus de difficultés à s'ouvrir face à eux. De façon générale, ils vont plus courir après les preuves d'amour que vivre de vraies histoires d'amour.

BALANCE

Profil amoureux :

Voilà un signe qui adore l'amour, qui vit pour l'amour et qui AIME être amoureux. Les Balance cherchent en permanence à plaire à leur partenaire même s'ils sont en couple depuis longtemps, ils vont essayer de le stimuler non-stop. C'est un signe qui va penser au plaisir de l'autre avant de penser au sien. Une personne Balance tendra toujours vers le compromis, en cas de différend ou de conflit au sein de la relation, **elle cherche automatiquement un terrain d'entente** plutôt que de régler radicalement la situation et elle n'hésitera à parler de ce qu'elle ressent à ce moment précis ; malgré tout, elle laissera enfouies ses véritables émotions. La Balance a un côté indécis et pourtant, elle réfléchit énormément, au pour, au contre, etc. Elle mériterait d'être un peu plus spontanée.

Compatibilités amoureuses :

Les Balance, sortes d'électrons libres, s'entendent bien avec les personnes ayant la même vision qu'eux comme les Gémeaux, les Verseau et donc les Balance. Avec ces trois signes, de très belles aventures s'annoncent, un amour réellement libre, riche et en mouvement. En revanche, la mésentente est quasiment assurée avec les signes d'eau : les Poissons, les Scorpion et les Cancer qui vont chercher inconsciemment à emprisonner les Balance. Les personnes du signe de la Balance, en recherche de compromis et de méditation, auront tendance à dire toujours « oui » au début de la relation avec ces signes d'eau mais au fil du temps, elles s'en détacheront, naturellement.

SCORPION

Profil amoureux :

Il est, pour moi, l'un des signes les plus intéressants en amour. Il est extrêmement passionné et connu pour être très sexuel et sensuel. Paradoxalement, le Scorpion est discret, il cherche à se protéger. Il met beaucoup de temps à s'ouvrir et faire confiance à quelqu'un d'autre puisqu'il vit mal la trahison et préfère l'anticiper pour ne pas en être victime, quitte à passer à côté de belles histoires. Il est dominateur, ne veut être dominé à aucun moment, au-delà de ça, vous pouvez compter sur sa loyauté et sa fidélité, c'est en ce sens qu'il peut devenir exclusif. Ce qui compte pour lui, c'est SA relation, point barre ! Et il attend la même chose de son partenaire, si l'autre n'est pas aussi exclusif, il le vivra mal, vraiment, cela peut le rendre malheureux. S'il n'est pas satisfait dans une relation, le Scorpion se ferme et attaque, cela peut faire très mal car **il est manipulateur, intuitif et connaît vos points faibles**, vos défauts et qualités avant que ne vous les connaissiez vous-mêmes. Il sent les choses, trompez-le, trahissez-le, il le saura, sans aucun doute. Il peut piquer avant d'être attaqué et n'a aucun scrupule à se servir des faiblesses de l'autre pour appuyer dessus, pour être certain de faire mal. Il peut être aussi sensible qu'insensible donc un conseil, si vous connaissez un Scorpion, il vaut mieux se le mettre dans la poche, ne pas le trahir, rester calme face à lui, vivre sa vie et ne pas chercher à lui mentir. Dans le cas contraire, il peut être toxique. Sa tendance à vivre dans la nostalgie peut le rendre malheureux, il compare souvent et maladroitement son partenaire actuel à son ex.

Compatibilités amoureuses :

Les meilleurs partenaires pour le Scorpion sont des signes d'eau, comme lui : Scorpion, Cancer et Poissons qui donnent leur amour, le prouvent et mettent par conséquent le Scorpion en confiance. Il a besoin de se sentir aimé et de cette confiance pour exister, les signes d'eau seront donc rassurants pour lui et il s'y développera sans problème. Petit bémol pour les Poissons, il est clair que le Scorpion s'entendra mieux avec le Cancer.
Le Scorpion ne s'entendra pas avec les signes de feu qui ont trop besoin de liberté, on pourrait présumer du contraire car ils ont un point commun : la passion mais cela ne durera pas et cela risque d'être explosif entre eux, le Scorpion ne se sent bien que s'il domine et il n'y arrivera pas sur le long terme avec un signe de feu, celui-ci se sentira enfermé dans la relation et le Scorpion ne supportera pas l'impression de perdre le contrôle.

SAGITTAIRE

Profil amoureux :

Très libre en amour, il est aussi l'un des signes les plus infidèles. L'engagement lui fait peur et lorsqu'un élément ne le satisfait pas, il fuit. En ce sens il a du mal à « construire ». Les Sagittaire ont besoin d'espace et ne supportent pas de se sentir collé, oppressé ou même de devoir rendre constamment des comptes. Il n'aime pas qu'on l'empêche de faire ce qu'il veut et pour cause, il est spontané et cherche à éviter la routine. Comme le Bélier et le Sagittaire, **il manque de tact et peut s'avérer maladroit en blessant sans le vouloir** ; ce n'est pas pour autant qu'il s'en excusera ! Dans le couple, il est ambitieux, il va parvenir à séduire son partenaire par le biais de promesses qu'il ne concrétisera pas forcément même s'il est sincère lorsqu'il les fait.

Compatibilités amoureuses :

Les Sagittaire s'entendent très bien avec les autres Sagittaire, les Lion, les Bélier mais aussi avec des signes assez libres qui aiment les aventures comme les Gémeaux, les Verseau et les Balance. Pour eux, **les signes de feu riment avec passion**, amusement et stimulation, c'est un bon point. En revanche, ils ne s'intéresseront pas aux Taureau, Vierge et Capricorne qui sont trop sérieux et prévisibles, les Sagittaire adorent être surpris

CAPRICORNE

Profil amoureux :

Voici le parfait exemple d'un signe extrêmement fiable en amour ! Il tient ses promesses, possède une grande force de caractère et se retrouve généralement en position de pilier dans une relation, **il est un rocher auquel on aime se raccrocher**, notamment grâce au fait qu'il soit très responsable. Famille, foyer, si vous cherchez la stabilité, le Capricorne est fait pour vous. Il est posé, mâture, parfois trop. L'opposition est grande entre les sexes de ce même signe : la femme est dans l'émotion, tout le contraire de l'homme, cérébral et qui renferme tout. Le Capricorne est carriériste, nous avons déjà beaucoup évoqué son ambition dans cet ouvrage, il risque de faire passer sa vie professionnelle avant son couple.

Compatibilités amoureuses :

Par conséquent, il s'entend bien avec les signes terre à terre comme les Vierge, Capricorne et Taureau qui ont cette même envie de stabilité, un côté pratique et responsable. Le couple idéal serait Capricorne/Vierge. Les signes de feu seront trop extravagants pour lui qui recherche de la discrétion avant tout, du sérieux et du calme.

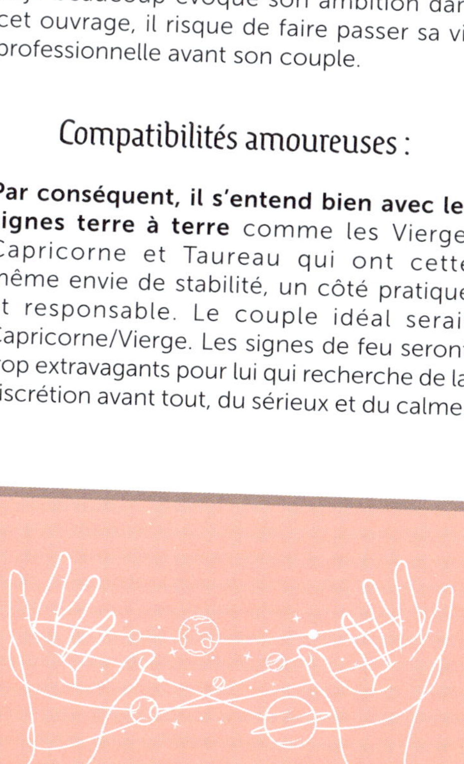

VERSEAU

Profil amoureux :

Il est un des signes qui exprime le mieux la liberté, il est indépendant, imprévisible, déteste la jalousie et la possessivité, paradoxalement, cela ne l'empêche pas d'être jaloux ! Le Verseau est connu pour être le signe le moins émotif du zodiaque, il est plus ancré dans l'intellectuel, les grandes discussions, les débats que dans la démonstration d'émotions. **Il est à la recherche d'une fusion mentale, d'une personne qui stimule son intellect et son côté artistique.** Il a besoin dans sa vie de quelqu'un qui lui apprend des choses... mais il fera semblant de déjà les savoir ! En effet, il déteste montrer ses lacunes ou son ignorance sur un sujet. Le Verseau souhaite avoir un partenaire qui comprenne sa vision du monde, ses idéaux, sa folie, tout simplement parce qu'il a tendance à ne pas se comprendre lui-même. Il a besoin de se découvrir avant de découvrir les autres ; pour ce faire, il lui faut l'espace nécessaire.

Compatibilités amoureuses :

Le Verseau s'entend bien avec les signes d'air comme lui : Verseau, Gémeaux et Balance avec qui l'harmonie sera intellectuelle, artistique. Ils partagent également la même vision du monde et de la liberté. Il risque d'avoir des problèmes de compatibilité avec les signes d'eau qui vont chercher à l'emprisonner, or c'est tout ce qu'il déteste. Autre élément à ne pas négliger, les signes d'eau sont beaucoup trop dans le passé pour le Verseau qui aime vivre au jour le jour. Toutefois, un Verseau pourrait matcher avec Cancer, en effet, le Cancer étant très intuitif, il peut être bénéfique pour le développement personnel du Verseau et lui apprendre des choses qu'il ignore sur lui-même, à condition qu'il soit davantage à l'écoute.

POISSONS

Profil amoureux :

Il s'agit là du signe le plus romantique du zodiaque. Il se donne énormément, quitte à s'oublier, il a un besoin intense de fusionner avec son partenaire. Il est fidèle… mais pas complètement ! Le Poissons n'arrive jamais à se détacher totalement de ses anciennes relations parce que lorsqu'il aime, c'est pour toujours. **C'est un grand amoureux, amoureux de la vie, amoureux des autres, il serait bon qu'il pense aussi à être amoureux de lui-même.** Il pardonne vite, parfois trop vite justement, parce qu'il croit profondément en la bonté des autres. Sa tendresse et sa naïveté amènent le Poissons à être souvent déçu, pouvant devenir un « cœur brisé ». Il est empathique, c'est une véritable éponge à émotions, il ressent littéralement la douleur des autres. Cela représente aussi un bon point dans le sens où il est intuitif, il sent les choses, cerne les gens et comprend les émotions de son partenaire. Avoir un Poissons autour de soi, c'est formidable bien plus que d'être Poissons soi-même parce qu'on lui rend rarement la pareille étant donné qu'il ne montre pas ses besoins, il les cache et préfère continuer à donner même quand c'est lui qui a besoin d'aide et de soutien. Le Poissons a besoin d'être rassuré, de sauver le monde mais le monde ne lui rend pas bien, il le trouve donc souvent injuste.

Compatibilités amoureuses :

Les Poissons s'entendent très bien avec les gourmands de l'amour, c'est-à-dire les signes d'eau comme le Cancer et le Scorpion qui auront tendance à leur rendre l'amour qu'ils donnent sans compter. Attention toutefois, la relation avec le Scorpion peut devenir toxique : le Scorpion pourrait être trop dominateur et le Poissons trop soumis. La liaison parfaite serait celle d'un Poissons avec un Cancer, tous deux sensibles et intuitifs, ils liraient dans les pensées de l'autre avant même de se parler. Le Poissons peut aussi s'entendre avec le côté stable d'un signe de terre mais les signes de feu sont à oublier pour lui : tout les oppose. En effet, cette relation serait unilatérale, le Poissons ne ferait qu'absorber le côté égocentrique du signe de feu et devenir très malheureux sans s'en apercevoir.

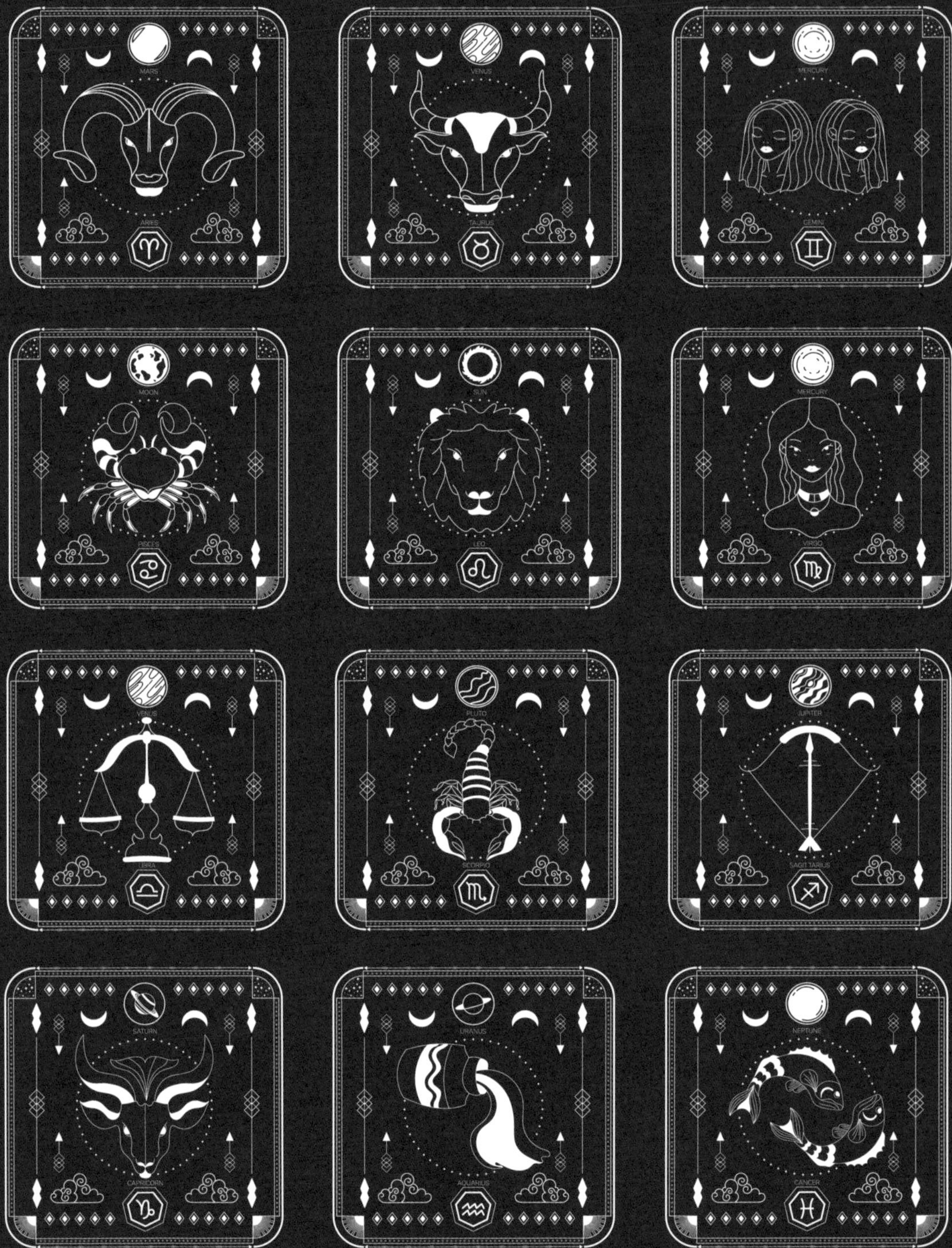
MARS
ARIES
VENUS
TAURUS
MERCURY
GEMINI
MOON
PISCES
SUN
LEO
MERCURY
VIRGO
VENUS
LIBRA
PLUTO
SCORPIO
JUPITER
SAGITTARIUS
SATURN
CAPRICORN
URANUS
AQUARIUS
NEPTUNE
CANCER

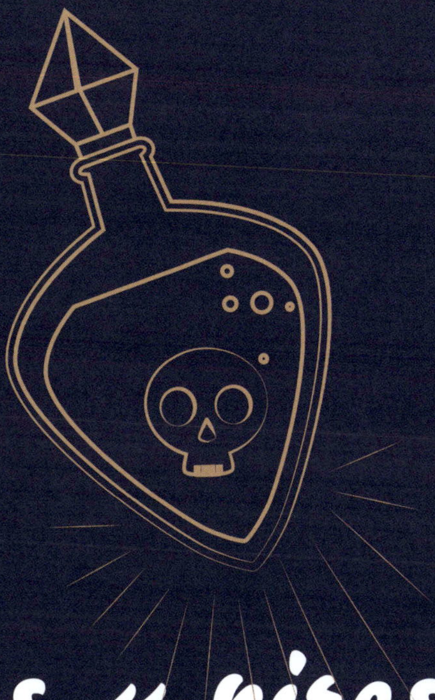

Les « pires » combinaisons amoureuses

Ça, c'est sûr, certains signes ensemble peuvent rencontrer de gros problèmes… Mais cela ne veut pas dire qu'on n'a pas le droit d'essayer ! Comme je le répète, rien n'est figé dans la vie, on peut toujours s'améliorer et faire en sorte d'optimiser chaque relation, c'est bien pour ça que vous avez mon livre entre vos mains, non ? Sachez que pour évoquer les pires compatibilités amoureuses, je me suis basée exclusivement sur les signes solaires mais il ne faut pas oublier que votre thème astral et vos expériences sont uniques, c'est ce qui fait ce que vous êtes aujourd'hui et vous êtes des petits cœurs qui méritez tous l'amour, j'en suis certaine.

Je vous propose donc d'évoquer les pires combinaisons… ou celles qui nécessitent un peu plus de travail, encore une fois, l'amour ne s'explique pas et parfois, cela vaut le coup de faire des efforts…

LION / SCORPION

On ne va pas se mentir, leur relation est compliquée… Le Scorpion, vous l'avez compris, est un ultrasensible tandis que le Lion est égocentrique (si, si, vous l'êtes). Le Lion aime qu'on le flatte et être au centre de l'attention, il va donc falloir s'accrocher avec le Scorpion qui déteste ça et exècre encore plus faire des flatteries ! L'attitude extravertie du Lion a de fortes chances d'agacer rapidement le Scorpion. Ces deux signes sont également très compétitifs chacun de leur côté… Alors imaginez ensemble ! La rivalité sera de mise pour les choses les plus anodines du quotidien. Le Lion veut être le premier et le meilleur, le Scorpion aussi, à sa manière, avec peut-être un peu plus de discrétion, c'est en ce sens qu'ils risquent d'être toxiques l'un pour l'autre. Soulignons aussi le fait que le Scorpion a une manière subtile de s'exprimer tandis que le Lion est plutôt « brut de décoffrage », il aime la franchise et qu'on lui dise les choses ; le Scorpion, lui, préfère prendre le temps pour parler et exprimer ce qu'il a sur le cœur : mauvais plan pour le Lion qui risque de rugir de colère ! En cas de dispute, le Scorpion saura piquer là où cela fait mal, le Lion va très mal le prendre et je vous laisse imaginer les dégâts…

VIERGE / POISSONS

C'est paradoxal puisqu'initialement, ces deux-là ont tout pour bien s'entendre. Et pourtant, il y a de grandes chances que cela se passe mal parfois. Ces deux signes sont très sensibles, c'est une évidence, ils sont empathiques et ont pas mal de points en commun, justement, certains d'entre eux peuvent leur porter préjudice. Par exemple, Vierge et Poissons ont cette tendance à garder leurs émotions pour eux, ils ne disent pas quand ils ne vont pas bien, ils attendent qu'on le devine ou qu'on l'exprime à leur place, ce qui engendre un important problème de communication dans le couple. Leurs conflits ne sont pas directs et leurs confrontations seront essentiellement basées sur un mode passif/agressif, ce qui est une spécialité des Vierge. Justement, ces piques lancées fréquemment par la Vierge risquent de blesser le Poissons au plus profond de son être et celui-ci ayant une forte aversion pour le conflit risque de prendre la fuite, au grand damne de la Vierge qui réagira avec froideur, ou colère.

SAGITTAIRE / CANCER

Je vous l'ai déjà dit, je suis Sagittaire et je m'entends très bien avec les Cancer. Cependant, je n'ai aucun mal à comprendre que ce duo est toxique. Le Cancer est un être très sensible (il s'agit d'ailleurs de l'un des signes les plus sensibles du zodiaque), il a besoin qu'on l'on prenne des gants pour lui parler car il est susceptible, il est donc essentiel de lui dire les choses de la meilleure des manières, chose que le Sagittaire ne sait pas faire. Il ne prend pas de pincettes, ne tourne pas autour du pot, il est direct, maladroit voire blessant, ce qui peut faire très mal au Cancer. N'ayant pas du tout la même manière de communiquer, il n'est pas difficile de comprendre que ces deux signes ne peuvent pas faire bon ménage, à moins de gros efforts. Le Sagittaire s'exprime de manière impulsive tandis que le Cancer ne supporte pas d'être brusqué. Le Cancer n'arrive pas à se faire à la colère du Sagittaire et au fait que ce dernier parle plus vite qu'il ne pense. Le Cancer n'aura pas de scrupule à mettre fin à une histoire s'il se sent blessé et il ne reviendra pas en arrière.

BÉLIER / TAUREAU

Voici le bon exemple d'une relation pouvant s'avérer particulièrement toxique ! Ces deux bêtes à cornes ont besoin de dominer, ont beaucoup de fierté et sont affublées d'un gros ego. Bélier et Taureau sont têtus et, ensemble, ils ont en général un important manque de communication. En cas de conflit, il est clair qu'aucun des deux ne voudra admettre qu'il a tort, ils se lanceront dans un dialogue de sourds et aucun ne voudra plier. Pour ajouter à leurs différences, il faut savoir que le Bélier adore le mouvement, changer, aller vite, faire de nouvelles choses, il ne tient pas en place alors que le souhait du Taureau est, a contrario, de rester au calme, il est patient, se conforte dans une certaine stabilité et affectionne ce qui est prévisible, tout ce que n'aime pas le Bélier.

CAPRICORNE / GÉMEAUX

Ces deux signes sont, de base, relativement opposés. C'est un fait, le Gémeaux déteste la routine. Ce qu'il aime, ce sont les plans improvisés du jour au lendemain, il vit pour l'imprévu et les surprises. Tout le contraire du Capricorne qui a besoin de tout prévoir, tout organiser que ce soit dans ses déplacements, sa vie professionnelle ou ses relations affectives. Celui-ci risque de ne pas réussir à s'adapter à la spontanéité et au besoin de liberté du Gémeaux. Pour être serein, le Capricorne doit avoir de la stabilité et une visibilité précise sur son avenir aussi bien proche que lointain, et il n'a pas le temps de réfléchir aux fantaisies et états d'âme de la personne en face de lui. Rappelons que le Gémeaux est un électron libre, une personnalité à double face, changeante qui pourrait déstabiliser grandement le Capricorne attaché à la franchise et à l'honnêteté dans une relation.

CANCER / VERSEAU

Le Cancer a, par-dessus tout, besoin que la personne en face de lui partage ses émotions, ses sentiments, qu'elle lui prouve qu'elle l'aime. Clairement, le Verseau, ce n'est pas son truc : il n'aime pas s'ouvrir, ne supporte pas qu'on lise en lui et n'a pas envie de dire ce qu'il ressent. Cette demande constante de preuves d'amour risque fortement d'agacer le Verseau qui ne pourra pas donner au Cancer toute la tendresse et l'attention dont il a besoin. Le Verseau exprime son amour d'une autre manière et il ne faut pas oublier qu'il aspire à la liberté, il veut rencontrer des gens, autant d'éléments qui tendront à aiguiser la jalousie du Cancer en le mettant mal à l'aise dans la relation. Toutefois, Cancer et Verseau peuvent devenir de très bons amis car ils ont malgré tout beaucoup de points en commun.

BALANCE / BÉLIER

Pour comprendre les difficultés entre ces deux signes, on se doit se rappeler que la Balance déteste le conflit et l'affrontement tandis que le Bélier a besoin de foncer dans sa manière de communiquer, il dit les choses, ne passe pas par quatre chemins, ce qui a de grandes chances de heurter la sensibilité de la Balance. La Balance pèse le pour et le contre dans la majorité des situations, elle réfléchit avant d'agir et ce côté hésitant va sans aucun doute ennuyer le Bélier qui, lui, agit avant de réfléchir. Celui-ci a besoin de constater et étudier les conséquences de ses actions pour apprendre de la vie et acquérir une véritable expérience. La Balance prend son temps pour vivre et réfléchir, ce qui pourrait être considéré comme une certaine mollesse pour le Bélier qui n'a quasiment aucune patience. En bref, la Balance a besoin de douceur tandis que le Bélier ne fait RIEN dans la douceur. La Balance veut l'harmonie partout où elle passe, contrairement au Bélier qui veut bouger partout, cela peut donc difficilement coller. Attention, les relations entre Balance et Bélier peuvent être intenses... mais aussi particulièrement chargées en conflits. Prudence donc.

Comment utiliser l'astrologie dans la vraie vie ?

La relation que chacun a avec l'astrologie est évidemment très personnelle. Cependant, je veux partager mon expérience avec vous, peut-être vous aidera-t-elle à mieux vous comprendre et à prendre des décisions importantes (non, en fait, j'en suis sûre). Avant de m'intéresser à cet univers que l'on peut qualifier d'ésotérique, j'étais une adolescente qui se cherchait un peu. Je ne comprenais pas certains traits de ma personnalité, je ne les trouvais pas « normaux ». À cet âge, entre l'enfant et l'adulte, on ne se sent pas forcément très bien, on ne trouve pas sa place et on se retrouve vite exclu de certains groupes. C'est là, précisément, que l'astrologie est intervenue dans ma vie. Au fur et à mesure, j'ai découvert les planètes, mon signe, mon ascendant, j'ai étudié mon thème astral, j'ai compris que j'étais tout à fait normale et que chacun avait sa « carte d'identité » provenant du ciel. Ce n'était pas à moi de m'adapter à l'environnement, je devais simplement assumer MES caractéristiques. Par la même occasion, j'ai appris à être tolérante avec les autres, à mieux comprendre leurs fragilités, leurs défauts, sans pour autant me fermer ou les juger. J'ai fait pareil pour moi et je vous le garantis, c'est fantastique de pouvoir s'accepter, et même s'aimer.

Pour être pragmatique, j'ai une relation sur le long terme avec l'astrologie. Je ne fais pas du « jour après jour » car pour moi, les planètes mettent du temps à bouger, j'ai donc du mal à lire un horoscope quotidien même si je comprends le côté réconfortant pour certains.

J'étudie les déplacements majeurs des planètes, c'est pour cette raison que j'ai voulu leur consacrer un chapitre entier dans ce livre. Je m'intéresse à l'astrologie mois après mois en accord avec le ciel et le mouvement des planètes et effectivement, cela m'aide dans ma vie de tous les jours.

Lorsque je vois que Mercure s'apprête à rétrograder, je me renseigne automatiquement pour savoir dans quel signe ce phénomène va se produire. Pendant cette période, je sais que je dois réfléchir à ma façon de communiquer puisque je sais qu'à ce moment précis, tous les moyens de communication sont mis sur pause (voir chapitre sur les planètes : Mercure rétrograde). Par conséquent, je vais être attentive à la façon dont les personnes vont communiquer avec moi, et à la manière dont je vais communiquer avec eux. Je vais faire particulièrement attention (et je vous conseille d'en faire autant) aux contrats que je vais signer, aux documents que je vais lire. Je me sers de cette période pour me remettre en question et réfléchir à mon mode d'interactions avec mon entourage, aussi bien sur le plan affectif que professionnel, tout simplement parce qu'il s'agit du moment idéal pour entamer une introspection, un travail profond sur soi-même, quitte à se renfermer quelque temps.

Autre point essentiel pour moi, je me renseigne sur les mouvements de la Lune car j'y suis très sensible même si je ne suis pas du signe astrologique du Cancer (qui, lui, y est particulièrement sensible). Qu'elle soit pleine, nouvelle, croissante, décroissante, j'essaie de voir en quels signes ces mouvements s'effectuent, et en fonction du résultat, je procède à un nouveau travail sur moi, l'introspection, encore une fois. Je considère que ce moment est propice pour me purifier des énergies négatives, me concentrer sur moi, sur mes émotions, analyser ces dernières pour mieux me comprendre et me maîtriser. Je le concède, cela me demande un certain effort car la méditation, ce n'est pas mon truc, ne serait-ce que parce que j'ai du mal à fermer les yeux et que j'ai des difficultés de concentration. Pour autant, je réfléchis beaucoup et tente d'orienter mes pensées au maximum vers moi, en moi. Je remets tout en question. Pour ce faire, lors des périodes de pleine lune, je prends des bains, entourée de bougies, de gros sel et surtout, de mes pierres qui sont primordiales à mes yeux. Ma pierre fétiche est la calcédoine, il s'agit d'une pierre d'énergie douce qui va m'apaiser psychologiquement et physiquement, elle correspond au chakra de la gorge et coïncide donc avec ma personnalité. Je suis Sagittaire comme vous le savez, ce qui signifie que je suis impulsive dans ma manière de m'exprimer. La calcédoine a le pouvoir de calmer et de me faire ainsi tourner sept fois ma langue dans ma bouche avant de parler ! J'ai aussi une relation particulière avec le quartz rose – le classique de la pierre – qui atténue le stress, apporte davantage de confiance en soi et ouvre le cœur à soi-même et aux autres. Dans les pierres qui me semblent indispensables, je vous conseille de posséder également un œil de tigre qui équilibre nos énergies et notre système nerveux en général.

Vous aurez sans doute remarqué dans cet ouvrage que chaque signe astrologique est associé à une pierre, ils ont en effet des caractéristiques et vertus communes. Cependant, le choix de sa pierre de prédilection est très personnel. Ce n'est pas parce que vous êtes Bélier que vous devez forcément avoir un rubis en votre possession. En lithothérapie (étude des pierres et cristaux pour se soigner de certains maux), vous devez également faire appel votre intuition. C'est la pierre qui vous choisit, pas l'inverse selon moi. Pour ma part, j'ai toujours été attirée visuellement par la calcédoine bleue, j'en ai alors déduit que mon cœur et mon esprit en avaient besoin, j'ai bien fait d'y croire, cette pierre me fait un bien fou.

J'espère que vous l'avez compris, les planètes, les signes, les maisons, les pierres, tout est lié. Ces éléments forment un tout, c'est vous !

Conclusion

J'espère du plus profond de mon cœur et de mon âme que vous avez aimé évoluer avec moi à travers les planètes, les étoiles, au sein de cet univers incroyable et sans limite de l'astrologie. Mais surtout, mon souhait le plus cher est que vous soyez parvenu.e.s à voyager à la découverte de vous-mêmes, de vos multiples facettes pour comprendre votre part de lumière et d'ombre, vos forces et vos faiblesses, le but étant toujours de mieux vous apprivoiser. En tous les cas, vous pouvez être fier.e.s de vous, moi je le suis ! Si vous avez mon livre entre vos mains, cela signifie que vous êtes curieux et que vous souhaitez vous approcher de la meilleure version de vous-mêmes. Ce guide est fait pour vous accompagner sur le long chemin de l'apprentissage de soi grâce aux clés que peut nous offrir l'astrologie. Évidemment, vous l'aurez compris, le sujet est vaste, il y a encore tellement de choses à apprendre, j'ai moi-même tant de choses à découvrir encore ! D'ailleurs, n'étant pas une professionnelle du sujet mais plutôt une autodidacte qui apprend depuis son plus jeune âge, je tiens à vous préciser que cet ouvrage a bien entendu été relu et approuvé par un astrologue confirmé.

Je suis heureuse d'avoir pu partager avec vous les connaissances que j'ai acquises au cours de ma vie. Il ne me reste plus aujourd'hui qu'à vous laisser vous envoler dans le monde de l'astrologie comme un petit oiseau qui vole de ses propres ailes... (Je suis limite un peu triste là, lol).
Comme pour chaque signe astrologique, j'aime dire que personne n'est parfait mais que nous sommes parfaitement imparfaits, ne l'oubliez pas et aimez-vous...

Remerciements

J'aimerais remercier ma communauté qui me suit corps et âme et avec passion sur tous les sujets que je partage sur mes réseaux et qui m'a poussée à écrire ce livre.

Merci pour votre soutien incommensurable depuis maintenant huit ans !

Ma chaîne YouTube est Lion et ce livre est Balance... Waouh que de beaux bébés !

J'aimerais aussi remercier mes équipes, Janane, Sœurette Productions qui me suivent dans tous mes délires et projets mais aussi ma maison d'édition pour sa confiance, son investissement et surtout sa patience, parce que je suis archi reloue. ;-)

Merci à tous mes potes qui ont été mes premiers cobayes dans mon apprentissage autour de l'astrologie, merci à toutes les personnes qui m'ont donné leur date, heure et lieu de naissance pour comprendre leur personnalité et leur thème astral.

Merci aux étoiles, aux planètes mais surtout merci à la vie.

Table des matières

Retrouvez mon actualité sur :

@shera

@Shera Kerienski

@s.kerienski